A Conquista da Verdadeira

Prosperidade

~

Shakti Gawain

A Conquista da Verdadeira Prosperidade

~

Tradução
CLEUSA M. WOSGRAU

EDITORA PENSAMENTO
São Paulo

Título do original: *Creating True Prosperity*

Copyright © 1997 Shakti Gawain.

Publicado originalmente em 1997 por New World Library,
Novato, California, USA.

Edição	Ano
1-2-3-4-5-6-7-8-9	99-00-01-02

Direitos de tradução para a língua portuguesa
adquiridos com exclusividade pela
EDITORA PENSAMENTO LTDA.
Rua Dr. Mário Vicente, 374 — 04270-000 — São Paulo, SP
Fone: 272-1399 — Fax: 272-4770
E-mail: pensamento@snet.com.br
http://www.pensamento-cultrix.com.br
que se reserva a propriedade literária desta tradução.

Impresso em nossas oficinas gráficas.

DEDICATÓRIA

Para minha mãe, Elizabeth Gawain, que sempre me ensinou e continua ensinando lições valiosas sobre a verdadeira prosperidade.

SUMÁRIO

INTRODUÇÃO *11*

CAPÍTULO UM
O Que é Prosperidade? *13*

CAPÍTULO DOIS
Três Pontos de Vista Sobre a Prosperidade *23*

CAPÍTULO TRÊS
O Dinheiro é Nosso Espelho *31*

CAPÍTULO QUATRO
A Compreensão das Polaridades *49*

CAPÍTULO CINCO
Como Tirar Proveito dos Opostos *57*

CAPÍTULO SEIS
O Desenvolvimento do Equilíbrio e da Integração *73*

CAPÍTULO SETE
Desejar e Pertencer *87*

CAPÍTULO OITO
Passos Para a Verdadeira Prosperidade *97*

CAPÍTULO NOVE
Uma Conversa Com Shakti *109*

CAPÍTULO DEZ
Histórias de Prosperidade *127*

RECURSOS *146*

AGRADECIMENTOS

Katherine Dieter, agradecimentos especiais por suas idéias criativas e por seu apoio amoroso, ajudando-me a concretizar este projeto. Kathy Altman, suas sugestões foram inestimáveis, como sempre.

Eu gostaria de agradecer à equipe da New World Library, especialmente a Becky Benenate, Jason Gardner, Aaron Kenedi, Marjorie Conte e Munro Magruder. É fantástico trabalhar com vocês! Marc Allen, obrigada por incentivar-me mais uma vez a escrever um livro.

Obrigada, Lora O'Connor, por administrar tudo em minha vida enquanto eu escrevia este livro.

Hal e Sidra Stone, sou-lhes imensamente grata por suas orientações; elas me ajudaram muito a criar uma maior integração e prosperidade em minha vida.

Jim Burns, obrigada por se constituir numa parcela tão substancial da minha verdadeira prosperidade.

INTRODUÇÃO

Há cerca de um ano, meu amigo e editor Marc Allen pediu-me para escrever um livro sobre prosperidade para sua editora. Na época, eu estava muito ocupada, não conseguindo sequer pensar sobre o assunto. Marc insistiu e, finalmente, comecei a compreender que essa era uma boa idéia. Eu sempre tivera a intenção de escrever um livro que tratasse do relacionamento entre o dinheiro e a consciência.

Quando escrevo um livro, normalmente ele é o resultado de vários anos de profunda dedicação a um determinado assunto. Durante esse tempo, estudo certas idéias e técnicas, conduzo seminários sobre a matéria, aprimoro minha compreensão e, naturalmente, trabalho no sentido de integrá-lo em minha própria vida. No fim, tenho o tópico realmente "escavado", extraindo dele tudo o que ele pode me oferecer. Escrever um livro é uma maneira de completar um determinado ciclo do meu próprio processo de aprendizado e de transmiti-lo a outras pessoas.

Com este livro foi diferente. Eu quase não havia pensado nem falado sobre o tema da prosperidade nos últimos anos. Eu tinha algumas idéias sobre o assunto, mas não as havia desenvolvido nem aprimorado. Abordei rapidamente o tópico em dois livros anteriores — *Creative Visualization* e *Living in the Light** — mas

---

* *Visualização Criativa* e *Vivendo na Luz,* publicados pela Editora Pensamento, São Paulo.

eu sabia que estava na hora de atualizar e de expandir minha mensagem.

Este projeto desafiou-me a pensar sobre isso e a esclarecer o que é a verdadeira prosperidade para mim. Nesse processo, conduzi seminários sobre o assunto e mantive conversas muito interessantes com outras pessoas para conhecer suas idéias sobre a verdadeira prosperidade. Neste livro, ofereço aos leitores tudo o que aprendi. Espero que ele seja um catalisador que lhe possibilite descobrir o que a verdadeira prosperidade é para você.

Antes de continuar a leitura, sugiro que você feche os olhos por alguns instantes e pense sobre o significado que a palavra prosperidade tem para você. Ao fazer isso, não esqueça de respirar! A respiração pode ajudá-lo a iniciar o processo de abertura para uma experiência de maior abundância.

Feito isso, comece a ler...

Possa este livro inspirá-lo e ajudá-lo na busca da verdadeira prosperidade.

Com amor,

Shakti Gawain

Capítulo Um

~

O Que é Prosperidade?

Quase todos nós pensamos que ser próspero é ter muito dinheiro. Mas, quanto é *muito*? Algumas pessoas têm uma idéia bastante clara sobre a quantidade de dinheiro que as faria se sentirem prósperas. "Se eu ganhasse o dobro do que ganho agora, eu seria próspero", ou "Se eu ganhasse tanto quanto fulano (uma pessoa conhecida), eu me sentiria próspero", ou "Prosperidade significa ser milionário", ou "Ganhar na loteria, definitivamente, me tornaria próspero".

Outras pessoas definem a prosperidade de uma maneira menos específica, mais ou menos assim: "Prosperidade significa ter a quantidade de dinheiro que faça com que eu me sinta seguro com relação ao futuro", ou "Prosperidade é ter dinheiro suficiente para fazer o que eu quero e para ter aquilo que eu desejo, sem me sentir limitado por questões financeiras. Uma pessoa próspera não precisa se preocupar com dinheiro". Em outras palavras, prosperidade é uma espécie de liberdade de ser, de fazer e de ter o que você realmente quer, sem muita limitação.

A maioria de nós sonha com essa libertação dos cuidados e preocupações ligados ao dinheiro. Pensamos que se, de alguma forma, pudéssemos ganhar, herdar, obter, pedir, conseguir de empréstimo ou roubar dinheiro suficiente para sermos prósperos, nossas preocupações financeiras acabariam, e provavelmente o dinheiro também resolveria muitos outros problemas que temos! A questão é, quanto dinheiro é o suficiente para nos trazer a prosperidade? Algumas pessoas têm em mente uma quantidade específica que elas acham que resolveria o problema; outras apenas supõem que deve haver uma certa quantia que atenda às suas necessidades.

Entretanto, o fato entristecedor é que a maioria de nós não vive a experiência da prosperidade, não importa quanto dinheiro consigamos ou tenhamos.

É fácil ver por que não nos sentimos prósperos se ganhamos pouco dinheiro e se precisamos batalhar só para satisfazer nossas necessidades básicas.

É também fácil de entender por que não nos sentimos prósperos se temos uma renda moderada, mas ao mesmo tempo muitas responsabilidades financeiras: uma família para sustentar, uma hipoteca a resgatar, e assim por diante.

Entretanto, muitas pessoas ganham muito dinheiro e, mesmo assim, não têm a experiência da prosperidade. De alguma forma, quando nossa renda aumenta, aumentam também nossas responsabilidades financeiras. O dinheiro sai tão rápido quanto entra, e nós nos vemos sob uma pressão ainda maior para contornar a situação.

Li recentemente um artigo sobre um dos mais bem-sucedidos atores de cinema de Hollywood. O entrevistador lhe perguntou qual era a sensação de ganhar vários milhões de dólares por filme. Ele respondeu: "Bem, um milhão de dólares não dura tanto quanto costumava durar." Evidentemente, esse homem não se sentia tão próspero, apesar de a maioria de nós considerar essa soma uma grande riqueza.

Com freqüência, a posse de muito dinheiro é acompanhada por inúmeras ansiedades: "Como devo investi-lo? Como devo administrá-lo? E se eu o perder? E se eu fizer alguma bobagem e tudo for pelo ralo?" Parece que trabalhamos mais e durante mais tempo e mesmo assim descuramos de muitos aspectos importantes da vida — o relaxamento, a intimidade, a ligação espiritual, a diversão.

Por estranho que pareça, muitas pessoas ricas e bem-sucedidas, especialmente quando chegam à meia-idade ou à velhice, vêem-se almejando aquele tipo de simplicidade de que desfrutavam em períodos anteriores de suas vidas, quando tinham menos dinheiro, poucas necessidades e mais tempo disponível.

As pessoas para quem a riqueza chegou facilmente, ou não necessariamente em decorrência do seu trabalho árduo, com freqüência são vítimas de outras armadilhas. Alguém que herdou dinheiro, que teve uma oportunidade auspiciosa, que se casou com uma pessoa rica, que alcançou o sucesso da noite para o dia (como acontece com certos atores ou músicos) ou que ganhou na loteria, tem a sua própria carga de problemas. Estes podem incluir uma falta de auto-estima ou de poder pessoal, a incapacidade de administrar o dinheiro com sensatez ou responsabilidade (o que muitas vezes traz como conseqüência a sua perda), ou a sensação de ser devedor à fonte do dinheiro ou de ser por ela controlado. Essas pessoas podem sentir falta de direção, significado e satisfação em suas vidas, ou podem sentir uma tendência à auto-indulgência, chegando ao ponto da autodestruição.

E ainda há a reação das outras pessoas. Elas gostam realmente de você ou apenas estão impressionadas com a sua riqueza? Elas o amam pelo que você é ou por aquilo que você pode lhes proporcionar? Estas questões podem avolumar-se quando você tem muito dinheiro. Como se pode ver, certas situações podem prejudicar a experiência da prosperidade em todos os níveis da riqueza financeira.

Se você nunca foi rico, pode ser difícil acreditar ou aceitar que a posse de mais dinheiro não o fará sentir-se próspero automatica-

16 ～ A CONQUISTA DA VERDADEIRA PROSPERIDADE

mente. Contudo, você provavelmente conhece ou já encontrou alguém que se encaixa nessa categoria — são pessoas que têm mais dinheiro do que você, mas estão longe de desfrutá-lo adequadamente. São pessoas infelizes, tensas e, obviamente, não se sentem prósperas. Estou pensando no irmão de uma de minhas melhores amigas. Ele é um executivo bem-sucedido da Madison Avenue, com um salário altíssimo. Infelizmente, ele e sua família são pessoas muito tristes, sempre discutindo a respeito de suas necessidades conflitantes.

Tenho lido muitos artigos sobre pessoas extremamente ricas — multimilionárias ou bilionárias — que parecem fortemente impulsionadas pelo desejo de conseguir sempre mais dinheiro. Por quê? Se você já tem muitos milhões, por que preocupar-se em obter um ou dois milhões a mais? Parece que essas pessoas não são capazes de desfrutar a imensa quantidade de riqueza que criaram ou de usá-la construtivamente. Elas estão obcecadas em obter sempre mais.

Em cada nível de riqueza, do mais pobre ao mais rico, existem problemas e armadilhas.

Quando temos muito pouco dinheiro, tememos até por nossa sobrevivência. A vida se torna uma luta renhida só para atender às nossas necessidades básicas. Temos poucas possibilidades de desenvolver nossos talentos e interesses. Sentimo-nos impotentes e, talvez, ressentidos quando vemos outras pessoas com melhores oportunidades e maior ostentação.

À medida que ganhamos mais, quase que inevitavelmente assumimos maiores despesas. A vida se torna mais complexa e estressante com tantas escolhas a fazer. Quanto mais bem-sucedidos nos tornamos, mais difícil se torna definir nossas prioridades. Quanto mais dinheiro possuímos, maior é o poder e a responsabilidade com que temos de lidar.

Quando temos riqueza, precisamos administrá-la com sucesso. Ficamos com medo de cometer erros ou de que os outros se

O Que é Prosperidade ～ 17

aproveitem de nós. Podemos ser constantemente assediados por pessoas que querem algo de nós. Precisamos encarar ou negar o problema da culpa — "Por que eu tenho tanto quando outros têm tão pouco?"

Acima de tudo isso, a riqueza não é garantia de segurança. Existe sempre a possibilidade de perder uma fortuna por causa de um mau investimento, de má administração, de uma ação judicial, de uma depressão financeira mundial ou de alguma outra calamidade imprevisível. Mesmo um alto grau de estabilidade financeira não pode trazer segurança emocional. Uma das razões pelas quais algumas pessoas continuam a perseguir o dinheiro compulsivamente, mesmo quando já o possuem em grande quantidade, é que nenhuma quantia as fará sentir-se seguras ou poderosas.

Assim, a posse de mais dinheiro não necessariamente traz menos problemas, maior liberdade ou mais segurança. A verdade é que a prosperidade tem menos a ver com dinheiro do que a maioria de nós acredita.

Então, o que é prosperidade?

Prosperidade é a experiência de ter em abundância o que realmente necessitamos e queremos na vida, quer seja algo material ou não-material.

O importante é compreender que a prosperidade é uma experiência interior, e não um estado externo, e que ela é uma experiência que não está vinculada a uma certa quantia de dinheiro. Embora, de alguma forma, a prosperidade tenha relação com o dinheiro, ela não deriva do dinheiro. Conquanto nenhum nível de riqueza financeira possa garantir uma experiência de prosperidade, *é possível viver a experiência da prosperidade em quase todos os patamares de renda,* exceto quando não temos condições de satisfazer nossas necessidades físicas básicas.

Problemas existem em todos os níveis de renda. A prosperidade também pode se manifestar em todos os níveis.

Se pensamos que o dinheiro tem o poder de nos trazer a prosperidade, transferimos para ele nosso poder pessoal. Quando transferimos nosso poder para alguém ou para alguma coisa, acabamos por nos sentir controlados por aquela pessoa ou coisa. Assim, para não nos sentirmos controlados e, portanto, limitados, pelo dinheiro que temos ou que não temos, precisamos manter nosso sentido de poder interior.

Nós nos fixamos no dinheiro porque o vemos como um *meio* para obter as coisas que realmente queremos. Com freqüência esquecemos que ele é *tão-somente* um meio e, aos poucos, nós o transformamos na meta. Na busca do dinheiro, perdemos de vista o fim que *verdadeiramente* almejamos — aquilo que esperamos que o dinheiro possa comprar para nós. Para criar uma prosperidade verdadeira, precisamos nos concentrar em descobrir o que realmente queremos.

Se prosperidade é a experiência de ter em abundância o que realmente necessitamos e queremos, então para poder experimentá-la, devemos fazer três coisas:

1. Descobrir o que realmente precisamos e queremos.
2. Desenvolver a habilidade de atrair essas coisas para a nossa vida.
3. Reconhecer, valorizar e usufruir tudo o que já temos.

Dependendo do que conseguirmos com esses três passos, poderemos experimentar a prosperidade em qualquer nível de riqueza financeira.

Todos nascemos com o poder inato de dar nossa contribuição e de criar a realização para nós mesmos. Entretanto, esse poder precisa ser desenvolvido. Quase todos sofremos agravos durante nossa vida, o que nos faz duvidar do nosso próprio poder ou negá-lo. Sentindo-nos um tanto impotentes quanto a satisfazer nossas necessidades, nós as reprimimos. Desse modo, passamos pela vida inconscientes de nossas reais necessidades e desejos.

O Que é Prosperidade ~ 19

Na profundidade do nosso ser, sentimos um grande anseio, mas não sabemos exatamente do quê. Assim, voltamo-nos para as coisas externas — uma casa maior, um emprego melhor, um relacionamento — esperando que nos tragam satisfação. Algumas nos dão satisfação, outras, não, dependendo do quanto correspondem aos nossos desejos. Em última instância, só encontramos satisfação duradoura quando reconhecemos conscientemente nossas verdadeiras necessidades e desejos e quando aprendemos como satisfazê-las.

Inicie o seu processo para criar maior prosperidade na sua vida pensando profundamente sobre o que você realmente deseja. O que é mais importante para você? De que você precisa em cada um desses níveis: espiritual, mental, emocional e físico?

Reserve algum tempo para dar-se conta da prosperidade que você já conquistou. Quantas de suas necessidades e desejos já se concretizaram? Quase todos somos consideravelmente prósperos. Freqüentemente, estamos tão ocupados perseguindo nossos desejos não-realizados, que nos tornamos incapazes de usufruir tudo o que já conseguimos. Valorizar verdadeiramente a prosperidade que já conquistamos é um grande passo em direção à abertura para uma satisfação ainda maior.

Lembre-se de que criar a verdadeira prosperidade não significa necessariamente *ter mais*. Muitos de nós nos encontramos na desagradável situação de ter em demasia. Se temos muitas coisas que de fato não precisamos nem queremos, nossa vida se torna excessivamente complicada. Isso pode abalar seriamente nossa experiência de prosperidade. Para muitos de nós, conquistar a verdadeira prosperidade implica simplificar nossa vida pela definição clara de nossas prioridades e pelo abandono das coisas desnecessárias ou das que não nos propiciam uma verdadeira satisfação. Isso se aplica especialmente aos que estão chegando à meia-idade ou a uma idade mais avançada.

Lembre-se também de que não existimos no vácuo. Nossa experiência pessoal de prosperidade está inextricavelmente ligada com a prosperidade coletiva. Usar os recursos naturais do mundo para proporcionar riqueza material a uma pequena porcentagem da população mundial, deixando a Terra exaurida e poluída para as gerações futuras, é a antítese da verdadeira prosperidade. Essa situação é um reflexo da cura de que todos nós necessitamos tanto individual como coletivamente.

A verdadeira prosperidade se desenvolve à medida que aprendemos a seguir os desejos verdadeiros do nosso coração e a viver em equilíbrio com nós mesmos. Conforme formos desenvolvendo essa forma de integração interior, naturalmente viveremos em maior harmonia com os outros e com o mundo natural. Só podemos ter a experiência da verdadeira prosperidade pessoal num mundo saudável e próspero.

DINHEIRO E PROSPERIDADE

Se o dinheiro não é a *causa* da prosperidade, então qual *é* a relação entre dinheiro e prosperidade?

Em certas circunstâncias, é de fato possível ser muito próspero sem dinheiro nenhum. Imagine-se vivendo num belo ambiente natural, construindo sua própria casa, cultivando seu alimento, trocando suas habilidades por coisas de que você necessita, trabalhando com o que gosta, rodeado pela família e pela comunidade.

Povos nativos do mundo inteiro tiveram esse tipo de prosperidade, pelo menos periodicamente, durante milhares de anos. Talvez alguns de nossos antepassados mais afortunados possam ter desfrutado esse tipo de prosperidade. Ainda hoje, algumas pessoas vivem mais ou menos desse modo, com uma necessidade mínima de dinheiro.

No mundo moderno, porém, a maioria de nós escolheu um

estilo de vida em que precisamos lidar com o dinheiro. Assim, nossa prosperidade está de certa maneira relacionada com o dinheiro. Na maioria das vezes, o dinheiro exerce um papel importante no processo de criação do que queremos. Nossas finanças são *um aspecto* da nossa prosperidade.

Eu definiria a verdadeira prosperidade financeira deste modo: *Ter uma relação com o dinheiro que dê suporte e amplie nossa experiência global de prosperidade.*

Para conquistar a verdadeira prosperidade financeira é importante compreender o que o dinheiro é e o que não é, e aprender a relacionar-se com ele de uma maneira equilibrada e eficaz.

No próximo capítulo, vamos analisar alguns pontos de vista populares sobre dinheiro e prosperidade.

Capítulo Dois

~

Três Pontos de Vista Sobre a Prosperidade

São três os pontos de vista comuns com relação ao dinheiro e à prosperidade:

O Ponto de Vista Materialista

Do ponto de vista materialista, acreditamos que o real e importante é o mundo físico, material, e que nossa satisfação e realização provêm do que nos cerca. Nossa abordagem é totalmente exterior. O dinheiro é a chave para obter o que queremos no domínio físico. Procuramos ganhar muito dinheiro para ter as coisas que queremos e para influir no mundo do modo que desejamos e, assim, alcançar o sucesso e a felicidade.

Provavelmente essa é a perspectiva hoje sustentada pela maioria das pessoas. Certamente a maioria das pessoas no mundo industrializado ocidental e, talvez, infelizmente, um número crescente nos países em desenvolvimento adotam essa visão. Quase todos nós ou tentamos seguir esse ponto de vista, ou nos rebela-

24 ~ A Conquista da Verdadeira Prosperidade

mos contra a preocupação da sociedade com relação às posses materiais e à riqueza financeira.

O Ponto de Vista Espiritual Transcendente

O ponto de vista espiritual transcendente sobre o dinheiro e a prosperidade é extraído das religiões transcendentais, tanto do Oriente como do Ocidente. Ele é mais ou menos contrário à abordagem materialista.

As tradições espirituais transcendentais do Ocidente nos dizem que o mundo material é essencialmente um lugar de tentação, de pecado e de sofrimento, pelo qual temos de passar para chegar a um lugar melhor — o reino espiritual — após a morte. As tradições transcendentais orientais nos ensinam que o mundo material é meramente uma ilusão. A meta é "despertar" e movernos para além da limitação da forma física. Em ambas as tradições, o reino físico é visto como uma prisão, uma limitação, algo que devemos superar.

Nesta visão, os buscadores espirituais sinceramente dedicados renunciam ao mundo e procuram livrar-se do seu apego às coisas, principalmente do dinheiro e das posses materiais. Tanto no Oriente como no Ocidente, os buscadores mais fervorosos fazem votos de pobreza e renunciam a tudo, com exceção de seus pertences mais simples e básicos. Eles confiam que Deus os proverá por intermédio da mãe igreja ou das pessoas a quem eles prestam assistência e servem. Com graus variados de sucesso, eles procuram transcender suas necessidades e desejos de conforto material, segurança, poder, sexualidade e assim por diante.

De acordo com essa filosofia, a realização provém do plano espiritual. A prosperidade é uma abundância de experiências espirituais. A preocupação maior é completamente interior. O mundo material é visto como uma sedução que nos afasta do espírito.

Devemos nos distanciar o mais possível do que é mundano. Devemos reduzir ao máximo nossas necessidades, tanto no nível físico como no emocional. A prosperidade deriva da simplificação de nossas necessidades e da atenção à nossa ligação espiritual em busca de gratificação. A pobreza física pode nos trazer prosperidade espiritual.

Na abordagem materialista, a estratégia para criar prosperidade é "ter mais". Quanto mais você tem, mais feliz você será. Na abordagem espiritual transcendente, a estratégia é "necessite menos". Quanto menos você precisar, mais feliz você será.

O Ponto de Vista da Nova Era

Uma outra filosofia é muito popular nos círculos da Nova Era. Nessa abordagem, reconhecemos que o mundo exterior é o reflexo do nosso mundo interior, que o reino físico espelha a nossa consciência. "Nossa vida reflete nossos pensamentos" é o ditado popular. Se nos responsabilizarmos pela mudança dos nossos pensamentos, nossa experiência da realidade terá uma mudança correspondente.

De acordo com esse ponto de vista, vivemos num universo espiritual de abundância infinita. Estamos limitados apenas pelos nossos pensamentos e crenças sobre a realidade. O dinheiro é um reflexo da nossa consciência, e nossa experiência com o dinheiro é criação nossa. Qualquer problema que tenhamos com o dinheiro ou com a prosperidade é um reflexo de nossos pensamentos negativos e de nossa crença na limitação. Uma riqueza ilimitada está à nossa disposição se estivermos dispostos a conquistá-la e a mudar correspondentemente nosso modo de pensar. Podemos usar técnicas, como afirmações positivas ou várias formas de meditação ou de oração, que nos ajudem a mudar nossos pensamentos,

26 ～ A Conquista da Verdadeira Prosperidade

para que possamos nos abrir para a abundância infinita que nos pertence por direito espiritual.

Esse ponto de vista procura fazer uma ponte entre o interior e o exterior. A estratégia para criar a prosperidade é: "Mude seu modo de pensar e abra-se para a abundância infinita do espírito, e você poderá ter tudo o que quiser."

A Verdade e as Limitações de Cada Ponto de Vista

Os três pontos de vista expostos contêm elementos de verdade e podem ser úteis ou apropriados em determinadas ocasiões. Todavia, penso que, individualmente, todos são muito limitados para ajudar a maioria das pessoas a criar a verdadeira prosperidade.

A abordagem materialista pode ajudar-nos a desenvolver as capacidades e as habilidades de que necessitamos para sobreviver e para sermos bem-sucedidos no mundo físico. Ela pode nos ensinar a prover às nossas próprias necessidades físicas e às de nossa família e de nossa comunidade. Por essa perspectiva, podemos aprender a nos sentir à vontade com o nosso poder de influenciar o mundo que nos cerca. Ela nos ensina a respeitar e a honrar o plano físico da existência.

O problema com essa filosofia é que ela se concentra estritamente no aspecto exterior. Ela nega a importância dos reinos interiores e nossas necessidades espirituais, mentais e emocionais. Nessa abordagem, procuramos a realização apenas no plano físico — e esse nunca é suficiente. Em última instância, ela nos causa uma sensação de vazio e desapontamento, uma vez que, por mais que tenhamos exteriormente, nossas necessidades interiores não são satisfeitas como deveriam ser.

A visão espiritual transcendente oferece uma alternativa para a armadilha do materialismo. Ela reconhece nossa absoluta necessidade de ligação com o espírito e de nos sentirmos parte de algo maior do que nossa existência física individual. Ela nos dá suporte para pesquisar e descobrir um sentido, um propósito e uma realização mais profundos, os quais podem ajudar a nos liberar de nossa obsessão pelo reino físico.

Infelizmente, ao passar para o extremo oposto, essa visão cria outra armadilha. Ela nega a importância dos aspectos físico e emocional do nosso ser, partes importantes da nossa identidade. Como seres espirituais, decidimos assumir uma vida humana porque temos uma experiência muito importante e significativa a fazer aqui. Se negamos nossas necessidades físicas e emocionais, criamos um conflito terrível dentro de nós mesmos. Queremos e precisamos estar aqui, neste reino físico, explorando-o, desenvolvendo-o e desfrutando-o.

Percebo que a maioria dos que procuram seguir a filosofia transcendental desenvolvem um enorme conflito interior. Na busca do desenvolvimento espiritual, procuramos "elevar-nos acima" da nossa experiência humana. Procuramos não querer e não precisar, mas, como seres humanos, precisamos e queremos muito! Ficamos indecisos entre o nosso anseio de realização espiritual e nossas necessidades humanas, ou entre a parte nossa que quer a salvação eterna e a que quer desfrutar os prazeres terrenos agora.

Precisamos respeitar e confiar em *todas* as nossas necessidades e sentimentos mais profundos. Nossos desejos são a forma pela qual nossa alma nos conduz na jornada da vida. Só podemos viver a verdadeira prosperidade quando reconhecemos e aceitamos todos os aspectos daquilo que somos — o espiritual, o mental, o emocional e o físico — impedindo que entrem em conflito uns com os outros.

A abordagem da espiritualidade na Nova Era está no caminho certo em muitos aspectos. Nossa vida *reflete* realmente a nossa consciência. O mundo exterior é o nosso espelho. À medida que aprendemos, crescemos e nos tornamos mais conscientes, nossa experiência da realidade exterior se modifica para refletir essas mudanças. Nossa relação com o dinheiro e nossa experiência de prosperidade definitivamente espelham nossos processos internos.

A forma como essa filosofia geralmente é compreendida e expressa, porém, é demasiado simplista e limitada para tratar das verdadeiras questões com que quase todos nos defrontamos em nosso esforço para criar a prosperidade.

De fato, na minha experiência, essa visão pode deixar as pessoas confusas e frustradas por se sentirem incapazes de manifestar abundância financeira rápida e facilmente.

Esse ponto de vista afirma que se "mudarmos nossos pensamentos", mudaremos nossa experiência da realidade e seremos prósperos. Entretanto, o dinheiro e a prosperidade não refletem apenas os nossos pensamentos; eles espelham todo o nosso modo de vida. Não somos apenas mente; somos também sentimentos, alma e corpo. Para manifestar a verdadeira prosperidade precisamos nos curar e desenvolver *todos* os níveis do nosso ser.

Por exemplo, muitos padrões que bloqueiam a nossa prosperidade estão profundamente enraizados na nossa experiência emocional. Precisamos tomar consciência desses sentimentos e curar as feridas emocionais que nos levam a agir de modo inconsciente e muitas vezes autodestrutivo. A cura das feridas emocionais é um processo bem diferente do que apenas repetir pensamentos positivos.

Além disso, para desenvolver a verdadeira prosperidade, precisamos também aprender a cultivar o nível físico da vida, a cuidar de nosso corpo, de nossas posses, de nossas finanças e de nosso ambiente de maneira responsável e adequada.

Tomar consciência de nossas crenças negativas com relação ao dinheiro e à prosperidade, e abrir-nos a idéias mais positivas é, certamente, um passo muito importante, mas insuficiente para trazer abundância financeira, quanto mais prosperidade verdadeira.

Creio que a ênfase na "riqueza ilimitada" tende a fazer com que as pessoas entrem em conflito consigo mesmas. Se elas fazem suas afirmações sobre a prosperidade, e o dinheiro não vem, elas pensam, "O que há de errado comigo? Por que não consigo fazer isso?"

Não acredito que todos estejamos necessariamente destinados a ter uma riqueza ilimitada. No nível da alma, todos escolhemos propósitos e tarefas diferentes nesta vida. Alguns podem estar aqui para aprender a viver de maneira simples e feliz com muito pouco dinheiro. Outros recebem o desafio de aprender a equilibrar todas as suas necessidades pessoais e familiares com uma renda modesta. Outros ainda podem estar destinados a ganhar e administrar grandes somas de dinheiro e poder financeiro. O processo essencial é o mesmo: encarar os desafios que a vida nos apresenta, sejam financeiros ou quaisquer outros, e desenvolver a capacidade de criar e de viver a experiência da prosperidade.

No próximo capítulo apresentarei um ponto de vista alternativo, um modo de considerar o dinheiro e a prosperidade que toma por base essas filosofias, mas vai além delas. Creio que essa abordagem pode nos oferecer um quadro de referência para compreender e usar nossa relação com o dinheiro como um espelho, direcionando-nos para a verdadeira prosperidade.

Capítulo Três

~

O Dinheiro é Nosso Espelho

C omo vimos, o dinheiro não é a causa da prosperidade, mas para a maioria das pessoas as finanças são um aspecto importante da prosperidade. Assim, se queremos ser prósperos, precisamos examinar nossa relação com o dinheiro e compreender o que ela pode nos ensinar.

O Dinheiro Representa Energia

Essencialmente, o dinheiro é um símbolo de energia. Tudo no universo é feito de energia. Os objetos físicos que parecem sólidos, na verdade não o são — se os observarmos sob um microscópio potente, veremos que são compostos de partículas que vibram. Nosso corpo, mente, emoções e espírito, tudo é feito de energia.

O dinheiro é um meio de permuta que escolhemos para representar nossa energia criativa. Em si, ele é só papel ou metal, tendo pouco valor intrínseco; nós é que o transformamos em símbolo da energia que trocamos uns com os outros. Por exemplo, você conseguiu um emprego, trabalhou, usou sua energia de uma determi-

32 ~ A Conquista da Verdadeira Prosperidade

nada maneira e ganhou dinheiro. Você, então, resolveu usar parte desse dinheiro para comprar este livro, como permuta pela energia que eu usei para escrevê-lo e pela energia que a editora e o vendedor utilizaram para torná-lo acessível a você.

Visto que o dinheiro simboliza energia, nossas questões financeiras tendem a refletir o modo como a nossa energia vital flui. Quando nossa energia criativa flui livremente, é comum que o mesmo aconteça com as nossas finanças. Se nossa energia está bloqueada, nosso dinheiro também estará. Por exemplo, uma terapeuta, amiga minha, observou que quando ela está forte e descontraída, tem mais clientes e ganha mais dinheiro. Quando ela se sente bloqueada espiritual ou emocionalmente, ou quando está cansada e precisa de mais tempo para se restabelecer, menos clientes a procuram.

Na verdade, tudo o que acontece na nossa vida é reflexo do modo como a nossa energia se movimenta. Nossos relacionamentos, nossa saúde — tudo isso reflete o fluxo da energia que se movimenta em nós. O dinheiro é apenas um outro espelho — incrivelmente útil — que revela o que acontece na nossa consciência, o que está e o que não está funcionando.

O Dinheiro Como um Reflexo

Tudo na vida reflete a nossa consciência. Nossas crenças, atitudes, expectativas, sentimentos e padrões emocionais se refletem nas circunstâncias e eventos de nossa vida. Por exemplo, se sou muito crítica comigo mesma, provavelmente vou atrair e ser atraída por pessoas que espelham esse processo interior, sendo elas também críticas com relação a mim. Quanto mais eu me amo e me apóio emocionalmente, com mais probabilidade atraio um comportamento amoroso e amparador das outras pessoas. Se eu *sinto* que a vida me oferece poucas oportunidades, é provável que isso

O Dinheiro é Nosso Espelho ～ 33

aconteça na realidade. Por outro lado, se confio nas minhas capacidades, provavelmente descobrirei muitas oportunidades para utilizá-las.

O dinheiro pode representar muitas coisas para nós:

segurança	poder	posição social
consideração	reconhecimento	valorização
liberdade	oportunidade	sucesso
tentação	infortúnio	cobiça
abundância	felicidade	prosperidade

Nossas circunstâncias financeiras refletirão como nos sentimos com relação às qualidades que, consciente ou inconscientemente, associamos com o dinheiro.

Se, num nível profundo, sentimos que não merecemos ter sucesso ou ser felizes, podemos, inconscientemente, impedir-nos de ter muito dinheiro. Ou, se somos profundamente inseguros, e o dinheiro representa poder e posição social, podemos ser compulsivamente impelidos a acumular riqueza na esperança de que ela nos dê a segurança e o reconhecimento que tanto almejamos. Todavia, num ponto qualquer, podemos perder tudo. Embora pareça um desastre, essa pode ser a forma que nossa alma encontrou para nos dar a oportunidade de tomar consciência de nossos profundos sentimentos de inadequação, para que possamos curá-los. O dinheiro, ou a perda dele, pode ser um catalisador poderoso para nosso crescimento e cura.

Qual é a diferença entre esse pensamento e a idéia popular do movimento da Nova Era de que se nos conscientizamos dos nossos pensamentos e crenças negativos sobre o dinheiro, e os mudamos, nossas circunstâncias financeiras também passarão por uma mudança para refletir a nossa nova consciência e nós nos tornaremos ricos?

34 ～ A Conquista da Verdadeira Prosperidade

Em primeiro lugar, não estou falando simplesmente de "mudar os nossos pensamentos". Para que aconteça uma mudança verdadeira em nossa vida, precisamos tomar consciência de nossas crenças viscerais e de nossas emoções mais profundas — especialmente das que permaneceram inconscientes. Precisamos querer e ser capazes de nos curar, não apenas no nível mental, mas também no espiritual, emocional e físico.

A cura no nível espiritual implica o desenvolvimento de uma forte ligação com nossa alma. Nós nos curamos no nível mental quando nos conscientizamos de nossas crenças fundamentais, liberamos as que nos limitam e nos abrimos a idéias mais fortalecedoras e a uma maior compreensão. A cura emocional acontece quando aprendemos a aceitar e a ter a experiência de todos os nossos sentimentos. E curamo-nos no nível físico quando aprendemos a respeitar e a cuidar do nosso corpo e do mundo físico que nos rodeia.*

A maioria dos padrões limitantes de nossa vida está enraizada em feridas emocionais profundas que precisam de um certo tempo e atenção para serem curadas. Ainda mais profundo é o vazio espiritual que sentimos quando passamos pela experiência de dissociação de nossa alma. Só podemos curar esse vazio encontrando um meio de nos religarmos com nossa essência espiritual.

Dificilmente alcançaremos uma verdadeira prosperidade, financeira ou qualquer outra, se não conseguirmos estar à vontade em nosso corpo físico e se não soubermos como agir no mundo material.

Assim, existem muitos aspectos relacionados com o processo de cura. Esse tipo de transformação não é algo simples. De fato, trata-se de um processo de desdobramento gradual que se esten-

---

* Se você estiver interessado em conhecer melhor os diferentes níveis do processo de cura, consulte o meu livro *The Four Levels of Healing: A Guide to Balancing the Physical, Mental, Emotional, and Spiritual Aspects of Life.*

O Dinheiro é Nosso Espelho ～ 35

de ao longo de toda uma existência. Para a maioria das pessoas não basta apenas repetir afirmações positivas sobre prosperidade, embora esse possa ser um passo muito importante.

Como mencionei anteriormente, tenho um problema com relação à idéia de que só teremos uma riqueza ilimitada se acreditarmos que isso é possível. Talvez estejamos diante de uma verdade ideal e teórica. Acredito, entretanto, que nossa alma resolve assumir uma vida física para aprender e se desenvolver de modos específicos, e que cada um de nós tem uma jornada que é só sua. Alguns talvez tenham resolvido viver a experiência de uma limitação física extrema pela doença ou pela incapacidade, a fim de aprofundar determinado aspecto de sua força e sabedoria. Do mesmo modo, alguns podem optar por uma experiência de limitação financeira em alguns momentos da vida, ou durante uma vida inteira, para desenvolver certos outros aspectos do nosso caráter.

Freqüentemente essas escolhas são feitas no nível da alma, e nós não temos nenhuma consciência delas. No nível da personalidade, podemos nos sentir frustrados e infelizes com as circunstâncias de nossa vida até que tenhamos realizado um trabalho adequado de cura e de consciência para começar a compreender como a escolha de nossa alma está nos auxiliando. Lembre-se de que qualquer que seja o nosso nível de renda, temos a oportunidade de desenvolver uma experiência de verdadeira prosperidade.

Geralmente, tanto o nosso relacionamento com o dinheiro como a nossa experiência de prosperidade se desenvolverão como um reflexo de nossa cura e crescimento em todos os níveis.

Eis um exemplo de como o dinheiro espelha esse nosso processo pessoal: há pouco tempo, Peter, um consultor de empresas da Alemanha, disse-me que havia realizado alguns investimentos financeiros que não deram um bom retorno. Durante esse período, ele não estava dando a necessária atenção a si mesmo, física, emocional e espiritualmente. Estava trabalhando muito, exigindo excessivamente de si mesmo. Avaliando a situação, ele percebeu que o desempenho medíocre dos seus investimentos era um reflexo direto da falta de equilíbrio em sua vida. Depois de participar de um dos meus programas intensivos no Havaí, ele se entregou a um profundo processo de cura em todos os níveis. Sua prosperidade financeira refletiu tudo isso melhorando extraordinariamente.

Certamente, esse reflexo nem sempre é tão evidente para todos, mas este é um bom exemplo de como nossas finanças refletem o modo como aprendemos a cuidar de nossas verdadeiras necessidades e desejos.

Todos temos certas áreas da vida em que as coisas em geral parecem desenvolver-se de maneira bastante suave. (Embora esporadicamente possamos sentir que todos os aspectos de nossa vida viraram um caos!) Quando algo vai bem, isso nos reflete a idéia de que, no momento, aprendemos o que precisávamos saber naquela área.

Podemos ter pelo menos um aspecto de nossa vida (e algumas vezes, mais) em que nos sentimos tolhidos, em que temos problemas, ou que simplesmente parece reproduzir indefinidamente os mesmos padrões de insatisfação. Sempre que temos dificuldades assim, a vida está nos mostrando que essa é uma área para a qual precisamos dedicar maior consciência, cura e desenvolvimento.

Nossa vida é um espelho extraordinário. Ela nos mostra exatamente os passos que precisamos dar em nosso crescimento pessoal num dado momento. Apenas precisamos aprender a prestar atenção a essas mensagens.

Todos temos certas áreas da vida em que aprendemos mais profundamente. Em geral, é nessas áreas também que se localizam nossos problemas mais dolorosos. Se pudermos descobrir o que precisamos aprender, e se passarmos pelo processo de cura, nosso sofrimento se transformará em sabedoria. Em geral, essa acaba sendo a área onde mais temos a contribuir e a partilhar com as outras pessoas.

Na minha vida, por exemplo, a área dos relacionamentos é a mais difícil e onde tenho passado as maiores frustrações e sofrimentos.* Entretanto, usando esse processo, curei-me de muitos padrões antigos e aprendi a me conhecer e a me amar mais profundamente. O difícil trabalho que realizei nessa área me ensinou a criar relacionamentos profundos e significativos. Acredito que esse processo de aprendizado tenha me propiciado uma boa dose de percepção e sabedoria, que faz parte daquilo que tenho para partilhar com os outros.

Para alguns de nós, o melhor professor pode ser o nosso corpo. Se temos problemas recorrentes com saúde ou peso, o corpo pode estar comunicando que precisamos tratar de nossa cura, não apenas num nível físico, mas também nos níveis emocional, mental ou espiritual. Por exemplo, se nossa tendência é exigir demais de nós mesmos, nosso corpo pode adoecer a fim de nos forçar a ir mais devagar, a relaxar e a cuidar melhor de nós mesmos. Se aprendermos a lição que nosso corpo tenta nos ensinar e se formos capazes de integrar repouso, passatempo, expressão emocional e renovação espiritual em nossa vida, talvez ele não precise mais adoecer para chamar a nossa atenção.

Alguns de nós podem travar a batalha mais árdua, e portanto o aprendizado mais profundo, na área do trabalho ou da profissão — ao tentar descobrir nossa vocação, nosso modo de vida correto, um trabalho que tenha um significado e um propósito para nós.

Para outros, o dinheiro é o melhor professor. Se você se vê constantemente enfrentando questões de dinheiro, independentemente de ter muito ou pouco, saiba que é na sua relação com ele que você pode descobrir e curar muitas das mais profundas questões da sua vida.

---

* Se você estiver interessado nos detalhes, leia minha história pessoal, *Return to the Garden*.

O Dinheiro Como Poder

Para compreender nossa relação com o dinheiro, é importante reconhecer que ele nos dá poder no mundo. Com dinheiro, podemos realizar coisas, obter coisas, fazer as coisas acontecer. O dinheiro nos dá a capacidade de causar um impacto no mundo ao nosso redor. Embora isso não nos capacite *necessariamente* a satisfazer nossas necessidades espirituais, mentais ou emocionais, de certo modo ele pode ajudar a atender a essas necessidades. Por exemplo, o dinheiro pode facilitar a vida num ambiente que alimente nosso espírito, ou pode satisfazer um desejo de viajar. O dinheiro não pode nos garantir a verdadeira prosperidade, mas ele *representa* o poder de realizar coisas no plano físico.

Nosso relacionamento com o dinheiro reflete como nos sentimos com relação ao nosso poder de influir no mundo. Visto que o dinheiro é um espelho de nossa consciência, quanto mais à vontade nos sentimos sendo poderosos, provavelmente mais dinheiro criaremos em nossa vida.

Muitos de nós têm problemas com relação ao poder, e isso provavelmente se reflete no nosso relacionamento com o dinheiro. Na verdade, se você tem problemas financeiros crônicos, sugiro enfaticamente que você analise profunda e honestamente seus sentimentos ligados ao poder.

Se temos questões relacionadas com o poder, geralmente nos relacionamos com o dinheiro perseguindo-o ou evitando-o. Se queremos o poder, podemos perseguir o dinheiro como um meio para obter esse poder. Entretanto, uma aspiração ao poder é de fato o modo como compensamos uma sensação fundamental de impotência. Podemos ser movidos pelo desejo inconsciente de evitar nossos sentimentos profundos de medo e fragilidade. Isso é o que motiva muitas pessoas que possuem riqueza em abundância, mas mesmo assim são obcecadas em conseguir mais. Elas não conseguem aproveitar realmente seu dinheiro ou poder. Nenhuma soma de dinheiro jamais será suficiente para eliminar o medo que permanece inconsciente no nível emocional. O dinheiro obtido desse modo jamais trará uma experiência de prosperidade. Somente reconhecendo conscientemente nosso medo e vulnerabilidade é que podemos começar o processo de cura que conduz a um verdadeiro sentimento de abundância.

Se temos medo de nosso poder, podemos abster-nos inconscientemente de obter mais dinheiro, uma vez que possuir dinheiro é ter poder. De fato, debater-se com necessidades financeiras é uma maneira eficaz de manter nosso sentimento de impotência, evitando assim os riscos que associamos com o poder.

Não estou querendo dizer que todas as pessoas pobres do mundo têm medo do poder; sem dúvida, há muitos outros fatores envolvidos. Entretanto, se você vive numa cultura e num ambiente de relativa prosperidade financeira e está passando necessidade, pergunte-se que parte sua pode estar fazendo inconscientemente essa escolha.

Trabalhei com muitas pessoas que têm como padrão de esforço nunca gastar mais do que ganham, não conseguindo passar disso. Outras adotam o padrão de sabotar a si mesmas sempre que se aproximam do sucesso mundano. Esses padrões geralmente indicam sentimentos conflitantes em relação ao poder.

Se, numa idade precoce, tivemos experiências de maus-tratos físicos ou emocionais, cometidos por pessoas investidas de poder, ou se testemunhamos alguém fazendo mau uso do poder, podemos estar profundamente marcados pelo medo do poder. Por um lado, podemos temer que, se nos pusermos muito em evidência (bem-sucedidos no mundo), seremos percebidos e novamente maltratados. Para nós, nesse caso, ser visto é o mesmo que estar em perigo. Ao mesmo tempo, podemos ter medo de nos tornarmos poderosos, porque se isso acontecer também nós poderemos usar mal esse poder. Inconscientemente, preferimos continuar impotentes e lutando, em vez de correr o risco de que esse poder possa nos corromper e prejudicar.

40 ～ A Conquista da Verdadeira Prosperidade

Um medo comum é que nosso poder e sucesso possam provocar ciúme e inveja nas outras pessoas. Outro medo é que o poder mundano nos tente ou afaste das coisas que valorizamos na vida, como o lar e a família, a simplicidade ou a busca espiritual. Obviamente, todos esses medos têm alguma validade e não podem ser desconsiderados ou ignorados. Eles precisam ser reconhecidos e trabalhados. Uma coisa importante que devemos compreender é que não precisamos ir a extremos. Não podemos nos deixar arrastar completamente pelo poder mundano, nem podemos negar e renunciar ao nosso poder pessoal; precisamos encontrar um equilíbrio. Falarei sobre isso com mais profundidade mais adiante.

Outro padrão que tenho encontrado com freqüência é este: se não recebemos os cuidados de que realmente necessitávamos quando crianças, essa parte infantil nossa ainda vive dentro de nós, desejando receber o carinho dos pais. A criança interior, da qual normalmente não temos consciência, sente que, se crescermos e nos tornarmos independentes e bem-sucedidos, ela perderá para sempre a oportunidade de ser atendida. Embora possamos desejar conscientemente o sucesso, a criança interior pode sabotar qualquer possibilidade de sucesso e poder no mundo porque ela sente que não receberá o alento e o amor que tanto deseja. Em vez disso, desenvolve-se um padrão de fracasso. Este é alimentado pela esperança inconsciente de que, algum dia, alguém virá para tomar conta de nós. Esse desejo não é uma coisa ruim; ele é um desejo compreensível, mas precisamos trazê-lo à luz da consciência.

Se nos damos conta desses padrões inconscientes, podemos começar a tratá-los. Nesse caso, precisamos tomar consciência das necessidades não-satisfeitas de nossa criança interior e aprender nós mesmos a cuidar dela. Isso inclui recorrer às outras pessoas em busca desse apoio quando necessário e apropriado. Uma vez que a criança chegue à certeza de que pode conseguir o amor e o

O Dinheiro é Nosso Espelho ~ 41

cuidado de que necessita, ela não tentará mais impedir que exer-
çamos o poder que temos.*

Repito: tudo é uma questão de equilíbrio — ser vulnerável o
bastante para reconhecer nossas necessidades *e* ser poderoso o
suficiente para assumir a responsabilidade por nós mesmos. Quanto
mais à vontade nos sentirmos com nosso poder natural, bem como
com nossa vulnerabilidade, mais à vontade nos sentiremos com o
dinheiro e com muito mais probabilidade o atrairemos para a nossa vida.

Segue um exercício para ajudá-lo a iniciar o exame dos seus
sentimentos sobre o poder e de como eles podem estar afetando
seu relacionamento com a prosperidade financeira.

Pegue papel e caneta. Reserve pelo menos vinte ou trinta minutos para realizar este exercício. Complete cada frase a seguir.
Não se demore muito com elas. Responda rápida e espontaneamente, sem criticar suas respostas. Você pode repetir esses exercícios várias vezes, no decorrer de algumas semanas ou meses, se
assim o desejar.

Se eu me tornasse muito poderoso, eu poderia...

_____

_____

Se eu me tornasse muito poderoso, eu *não* poderia...

_____

_____

---

* Para orientação sobre como curar sua criança interior, recomendo
Recovery of Your Inner Child, de Lucia Capacchionne, e *Notes from My Inner
Child*, de Tanha Luvaas.

42 ～ A Conquista da Verdadeira Prosperidade

Minha mãe acha que o poder é...

Meu pai acha que poder é...

As pessoas poderosas são...

O poder é perigoso quando...

Uma mulher poderosa é...

Um homem poderoso é...

A vantagem de não ser poderoso é...

Se eu fosse rico e bem-sucedido, eu...

_____

_____

Se eu fosse rico e poderoso, eu *não*...

_____

_____

Se preferir, você pode fazer o exercício com um amigo de confiança e analisar com ele as respostas. Ou você pode escrever alguma coisa sobre os sentimentos que vieram à tona ou sobre alguma idéia que lhe tenha ocorrido.

O Dinheiro Como Mestre

Como expliquei anteriormente, a realidade exterior que vivemos é um espelho de nossa realidade interior. Tudo o que ocorre "fora", na forma física, é um reflexo do que acontece dentro de nós. Como é comum termos pouca consciência de nossas crenças mais íntimas, de nossos pressupostos e atitudes frente à vida, de nossos sentimentos e padrões emocionais mais profundos, nossa vida exterior é um sistema retroalimentador que pode nos ajudar a tomar consciência de nossa atividade interior.

Assim, cada experiência em nossa vida pode ser uma dádiva — uma oportunidade que temos para aprender algo sobre nós mesmos por meio do que vemos refletido, e para usar essas informações para o nosso processo de cura e crescimento.

Portanto, o modo mais positivo e potencializador para relacionar-se com o dinheiro é fazer dele o seu mestre. Aceite que tudo o que está acontecendo na sua realidade financeira é, de certa forma, um reflexo do seu processo interior, algo que pode lhe ensinar alguma coisa e ajudá-lo no seu autodesenvolvimento.

Se, em termos financeiros, e sem levar em conta seu nível de renda, as coisas estiverem fluindo desembaraçadamente, isso reflete que seu modo de viver está indo bem. (Naturalmente, você pode receber sinais de *outros* aspectos de sua vida, como de sua saúde ou de seus relacionamentos, que revelam aspectos interiores que precisam ser curados.)

Se você estiver passando por dificuldades financeiras, esse é um reflexo que está lhe dizendo que alguma coisa em você está precisando ser observada, que alguma mudança se faz necessária. A cura pode estar especificamente na área de sua relação com o dinheiro ou com o poder, ou pode ser algo totalmente diferente. Por exemplo, pode ser uma mensagem de que você precisa dar mais atenção a si mesmo.

Esse processo de aprendizado pode ou não envolver a necessidade de ações exteriores, mas sempre implica ampliar o grau de consciência interior. Vista sob esse ângulo, mesmo uma crise aparente pode se transformar na maior dádiva de cura da sua vida.

Por exemplo, minha amiga Liz, mãe solteira, trabalhava há muitos anos num escritório de contabilidade, tendo boa estabilidade e sendo bem-remunerada. As tarefas que ela desempenhava lhe causavam um certo tédio, mas ela jamais pensaria em deixar o emprego, pois ele lhe dava muita segurança. De repente, ela foi despedida. Liz ficou irritada, sentiu-se traída e começou a preocupar-se com relação ao futuro, seu e do filho. Aparentemente, ela era vítima de uma terrível desgraça.

Ao avaliar a situação um pouco mais profundamente para encontrar a dádiva na experiência, ela percebeu que estivera se apegando a uma situação que não favorecia mais seu desenvolvimento, mas que ela jamais abandonaria devido a seus medos de não encontrar nada melhor.

Ela sonhara com outras coisas que gostaria de fazer, mas tivera muito medo de correr o risco de tentar algo novo. Agora, na iminência de um desastre financeiro, ela se viu forçada a dirigir seus passos para novas direções. Sua alma havia encontrado um meio de mantê-la em movimento em sua jornada evolutiva.

Liz tinha um bom terapeuta que a ajudou a realizar um profundo trabalho de cura emocional dos padrões que ela havia herdado inconscientemente de seus pais. Eles haviam passado por momentos muito difíceis durante a Grande Depressão da década de 1930 e sentiam um verdadeiro pânico com relação à sobrevivência.

Depois de algumas tentativas e erros, Liz se estabeleceu como consultora, o que lhe deu a oportunidade de usar muitas habilidades que ela já tinha, além de desenvolver outras novas. Atualmente, sua vida é um pouco menos segura, mas muito mais estimulante e plena.

Essa experiência mostrou a Liz que ela tinha um trabalho de cura emocional a realizar com seus medos referentes à sobrevivência, e também que ela precisava desenvolver novas habilidades. Sua crise financeira foi realmente um presente valioso que, de outro modo, ela provavelmente não teria recebido.

Eu poderia contar centenas de histórias semelhantes. Muitas pessoas me escreveram ou me procuraram nos cursos para me dizer como o empenho em descobrir um sentido mais profundo nos acontecimentos da vida, e a vontade de aprender e crescer a partir de tudo o que acontece, lhes possibilitou encontrar a cura profunda e novas direções maravilhosas em suas vidas.

Quando seguimos nossa intuição com relação ao que é verdadeiro e certo para nós, e fazemos aquilo que sentimos que nossa energia nos move a fazer, parece que sempre temos dinheiro suficiente para ser, fazer e ter as coisas que queremos e de que verdadeiramente precisamos. Observei isso repetidas vezes em minha vida e na vida de pessoas que conheço. Quando seguimos o fluxo de nossa energia, parece que o universo sempre nos dá apoio financeiro, às vezes de maneira inesperada e surpreendente.

Outra coisa que observei: quando estamos comprometidos com o nosso crescimento pessoal e sentimos que precisamos fazer alguma coisa para o nosso aprendizado ou para o nosso processo de cura, se for algo realmente apropriado para nós, o dinheiro estará à nossa disposição para que possamos fazer o que precisa ser feito. Muitas pessoas me relataram histórias de como um cheque inesperado chegou de repente pelo correio no dia anterior ao curso de que queriam participar. Sinto que se algo for apropriado para nós, o dinheiro estará à nossa disposição. Se isso não acontecer, talvez o evento não seja o mais recomendado para nós, pelo menos não naquele momento.

É verdade que muitas pessoas enriquecem sem ter muita consciência disso, porque é possível criar praticamente tudo o que queremos, se nos concentrarmos com a energia exigida. Esse pode ser o caminho que suas almas escolheram para o seu processo de aprendizado. Nesses casos, porém, o dinheiro normalmente não traz nenhuma sensação de prosperidade.

É verdade também que algumas pessoas dão mostras de possuir mais dinheiro do que podem administrar responsavelmente. Os problemas que elas encontram podem ser parte do seu processo de aprendizado, um chamado a despertar para mudanças que podem removê-las de seus padrões desgastados.

Entretanto, desde que estejamos comprometidos com um caminho de desenvolvimento da consciência, geralmente só obtemos a quantidade de dinheiro que podemos administrar com responsabilidade — o suficiente para viver e sustentar nosso processo sem perturbar ou comprometer nossa jornada. À medida que nossa capacidade de controlar a energia e o poder amadurece, a tendência é gerar mais dinheiro. Normalmente recebemos exatamente a quantia de dinheiro de que precisamos para realizar as coisas que são verdadeiramente corretas para nós. Dependendo do quanto seguimos nosso coração e nossa alma, sentiremos esse fluxo de dinheiro em nossa vida como verdadeira prosperidade financeira.

A.Mensalidade Escolar

Em algum momento de nossa vida, quase todos tivemos a experiência de tomar decisões pouco ajuizadas sobre como gastar, emprestar ou investir dinheiro — confiando na pessoa errada, sendo ingênuos, ou algo parecido. Ou ainda, passamos pela experiência de contrair mais dívidas do que podíamos suportar, fracassando num negócio ou tendo de declarar falência. Em outras palavras, quase todos nós, num momento ou noutro, perdemos algum dinheiro que era muito importante para nós. Uma experiência assim pode ser profundamente dolorosa, assustadora ou incômoda.

Certa vez, depois de gastar dinheiro em algo que não deu o resultado que eu esperava, ao expressar minha cólera e desgosto pela perda sofrida, um amigo e conselheiro de finanças me disse: "Isso é o que chamamos 'pagar nossa mensalidade na escola da vida.' Se aprendemos com esse fato o que precisávamos aprender, ele não será um desperdício."

Desde então, sempre que tomei decisões inadequadas com relação a gastar ou a administrar meu dinheiro, esse conceito de "mensalidade escolar" tem sido reconfortante para mim. Agora compreendo realmente que o dinheiro nunca é perdido quando ele me possibilita aprender algo que preciso saber.

Portanto, se você passou recentemente pela experiência de fazer um julgamento financeiro errôneo ou de "errar", pense nisso como uma mensalidade paga à escola da vida. Abra-se para receber o maior ensinamento que puder dessa experiência. Lembre-se de que o dinheiro é um bom professor, e se você for um aluno aplicado, tudo o que você pagar lhe será devolvido centuplicadamente.

Capítulo Quatro

~

A Compreensão das Polaridades

U ma chave para criar a verdadeira prosperidade é explorar, desenvolver e equilibrar as muitas energias que temos dentro de nós. Este capítulo, e os dois seguintes, mostram como podemos fazer isso.

O mundo físico é um plano de dualidade. A vida na Terra contém um número infinito de polaridades. A uma verdade corresponde outra, igual e oposta. Toda energia tem um oposto correspondente.

Cada um de nós é um microcosmo do universo; nascemos com todas as energias potenciais e arquétipos da vida dentro de nós. Um dos maiores desafios em nossa evolução pessoal é desenvolver e integrar em nossa vida o maior número possível dessas energias. Quanto mais aspectos de nós mesmos descobrirmos e aprendermos a expressar, mais plenos e completos nos sentiremos. Para isso, precisamos aprender a abarcar e a equilibrar as polaridades da vida. Vejamos o exemplo de um par de energias opostas dentro de nós.

Poder e Vulnerabilidade

O poder é inato em todos nós. Todos nascemos potencialmente com poder; nossa tarefa é sustentá-lo, desenvolvê-lo e nos sentirmos à vontade para expressá-lo à nossa própria maneira. Ao mesmo tempo, também a vulnerabilidade é inata em nós. Como seres humanos, temos necessidades e sentimentos que nos tornam profundamente sensíveis. Mais cedo ou mais tarde, precisamos aprender a ficar à vontade com nossa vulnerabilidade — reconhecê-la e assumir a responsabilidade de zelar por ela.

Poder e vulnerabilidade são energias opostas. Nosso poder é a capacidade de afetar o mundo que nos rodeia. Nossa vulnerabilidade é a capacidade de sermos afetados pelo mundo que nos rodeia. Para ter uma experiência de vida rica, plena e bem-sucedida, precisamos abarcar ambas as polaridades. Um dos maiores desafios da experiência humana é aprender a viver com esse paradoxo: somos extremamente poderosos e também extremamente vulneráveis. Existem muitos paradoxos semelhantes que exigem que aceitemos todos os aspectos de nós mesmos. A cura verdadeira está nessa auto-aceitação.

Esse modo de ver a vida é bastante diferente do ponto de vista a que estamos acostumados. Na moderna cultura ocidental, temos uma abordagem muito linear e polarizada das dualidades da vida. Em vez de vê-las holisticamente — como aspectos igualmente valiosos de um todo maior — nós as vemos como boas ou ruins, certas ou erradas. Dessa perspectiva, achamos que temos de *escolher entre* os opostos em vez de acatar a ambos. Tentamos constantemente determinar que lado da polaridade é correto, bom, verdadeiro ou melhor. Em seguida, reforçamos e desenvolvemos esse lado, procurando livrar-nos do lado oposto, que consideramos ruim ou errado.

Isso nos leva não apenas a julgar a nós mesmos e aos outros, mas assegura que viveremos em permanente conflito dentro de

A Compreensão das Polaridades ～ 51

nós mesmos. Visto que todas as energias da vida são inatas e essenciais, não podemos nos livrar de nenhuma delas, por mais que tentemos. Quando preferimos uma qualidade em detrimento da outra, iniciamos uma guerra interior (a qual, casualmente, é refletida por todas as guerras que criamos no mundo exterior).*

Pensemos um pouco sobre as polaridades que são objeto desta seção — poder e vulnerabilidade. Em nossa sociedade, o poder geralmente é honrado e respeitado, enquanto a vulnerabilidade é considerada fraca, embaraçosa e vergonhosa. Devido a essa tendência cultural, procuramos desenvolver nosso poder, de uma forma ou de outra, e erradicar, ou pelo menos esconder, nossa vulnerabilidade. Isso se aplica especialmente aos homens, porque é forte neles o preconceito tradicional contra a vulnerabilidade.

O problema com essa posição é que, como seres humanos, nós simplesmente *somos* vulneráveis. Tentar superar esse fato não fará com que ele deixe de existir. Na melhor das hipóteses, aprendemos a escondê-lo de nós mesmos e dos outros, o que nos deixa vivendo num estado de negação. O que é mais triste ainda é que tentamos nos livrar de um componente essencial para uma vida prazerosa. Nossa vulnerabilidade é a porta para a nossa receptividade; sem ela, não podemos receber amor, não podemos sentir a intimidade, não conseguimos encontrar a nossa realização.

As pessoas que estão excessivamente identificadas com o poder e negam sua vulnerabilidade podem realizar muitas coisas, mas não serão realmente capazes de receber as recompensas espirituais e emocionais da vida e, em última análise, ficarão perguntando-se e querendo descobrir a verdadeira razão de viver.

Apesar de nossa preferência cultural pelo poder, muitas pessoas, consciente ou inconscientemente, escolhem o caminho oposto. Especialmente se, na infância ou na adolescência, tivemos uma

---

* Para maiores informações sobre este tópico, consulte meu livro *The Path of Transformation*.

52 ~ A Conquista da Verdadeira Prosperidade

experiência desagradável com alguém que fez mau uso do poder, talvez tentemos negar o nosso poder. Podemos nos identificar com a vulnerabilidade por medo de que o nosso poder possa ser percebido como uma ameaça ou possa realmente ferir as pessoas. Infelizmente, essa abordagem é tão distorcida quanto a anterior. Sem o nosso poder, não podemos alcançar os nossos objetivos na vida, compartilhar nossos dons ou proteger e cuidar apropriadamente de nós mesmos. Uma pessoa identificada demais com a vulnerabilidade, em geral se torna vítima de outras pessoas ou das circunstâncias da vida.

Como vimos no capítulo anterior, uma identificação excessiva tanto com o poder como com a vulnerabilidade, muitas vezes causa algum tipo de problema com o dinheiro e com a prosperidade. Se estamos identificados com o poder, podemos perseguir o dinheiro excluindo outras coisas importantes. Se estamos identificados com a vulnerabilidade e rejeitamos nosso poder, podemos bloquear-nos para a aquisição de dinheiro ou para o sucesso.

A Aceitação de Todas as Energias

Na tentativa de escolher entre as polaridades da vida — julgando certas qualidades como "boas" ou "positivas" e outras como "más" ou "negativas" — somos levados ao desequilíbrio que, no fim, se torna realmente doloroso e frustrante.

A vida está constantemente nos apresentando situações causadoras de desequilíbrio, e chamando a nossa atenção — ou claramente nos empurrando — na direção de um equilíbrio maior. Se se identificar demais com o poder, você poderá desenvolver uma doença, romper um relacionamento ou perder uma pessoa amada — o que o forçará a reconhecer e a conciliar-se com sua vulnerabilidade. Se você renegar seu poder, a vida poderá forçá-lo a uma posição em que você precise defender suas crenças, ou em que, de alguma forma, você tenha de encontrar suas forças.

A chave aqui é esta: Precisamos aprender a aceitar todas as energias da vida. Precisamos compreender que para toda verdade existe outra que lhe é igual e contrária. Quando nos vemos diante de um conjunto de polaridades — racionalidade e intuição, por exemplo — precisamos reconhecer o valor de ambas e, de algum modo, desenvolver-nos de forma a poder abarcar todo o conjunto. Depois de estabelecer boas relações com todos os aspectos de nós mesmos, estaremos em condições de entrar em contato com todas as nossas energias. Isso fará com que enfrentemos os vários desafios e experiências da vida de uma maneira muito mais criativa e apropriada do que quando nos fixamos em papéis muito rígidos.

E o que dizer sobre o fato de que certas energias parecem realmente negativas? Por exemplo, se você é uma pessoa que trabalha muito, talvez o oposto de trabalho árduo seja para você a preguiça. Você pode pensar: "Que valor pode haver na preguiça e por que eu aceitaria isso? Obviamente, o trabalho duro é bom e a preguiça é má!" Para compreender isso, você precisa considerar o que se oculta sob as palavras de julgamento que você usa para descrever essa polaridade. Qual é a qualidade essencial que está por trás da palavra "preguiçoso"? Se retirar o julgamento, talvez você descubra que essa qualidade é a "capacidade de relaxar". Como uma pessoa trabalhadora, ser-lhe-ia possível tirar proveito de uma maior capacidade de relaxamento. Se a resposta for afirmativa, você precisa aceitar essa qualidade e reconhecer o valor dela para você.

Lembre-se de que estamos falando sobre equilíbrio. A idéia é não rejeitar nada, mas encontrar o equilíbrio de energias adequado que lhe permita viver de uma maneira mais prazerosa.

Esse não é um conceito simples; aceitar os opostos que estão em nós é algo que exige percepção e compreensão. Os diagramas da página seguinte talvez possam ajudar a deixar esse assunto mais claro. O primeiro diagrama mostra como podemos ter pensado sobre certos opostos:

Diagrama nº 1: Visão crítica

QUALIDADES POSITIVAS	QUALIDADES NEGATIVAS
Qualidades que desejo	*Qualidades que não desejo*
Trabalhador	Preguiçoso
Forte	Fraco
Atencioso	Egoísta
Responsável	Irresponsável
Racional	Irracional
Organizado	Desorganizado

Diagrama nº 2: Visão compreensiva

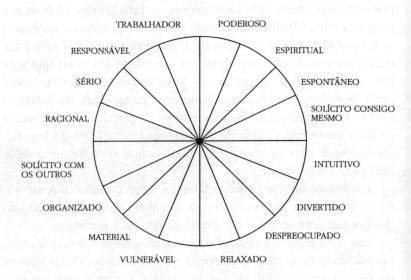

TUDO ISSO FAZ PARTE DE QUEM EU SOU
Preciso de todas essas qualidades e quero todas elas

O Diagrama nº 2 da página anterior mostra a perspectiva holística, inclusiva — observe que os opostos estão contidos no todo.

Neste ponto, você pode estar se perguntando: "O que isso tem a ver com prosperidade?" Minha resposta é: "Tudo!"

Lembre-se de que a prosperidade é, antes de tudo, a experiência de termos aquilo que realmente desejamos. Quando estamos desequilibrados — excessivamente identificados com certas energias e rejeitando seus opostos — sentimos que nossa vida ficou desequilibrada, limitada e frustrante. Sentimo-nos presos a papéis e padrões antigos. Isso não leva a uma experiência de prosperidade.

Quanto mais aprendemos a aceitar e a expressar todos os aspectos que constituem o nosso ser, maior liberdade, satisfação e plenitude experimentamos, e mais prósperos nos sentimos.

Como nossa vida espelha a nossa consciência, quanto mais equilibrados e integrados estivermos interiormente, tanto melhor se apresentará o nosso mundo exterior. Nosso relacionamento com o dinheiro e toda a nossa experiência de prosperidade refletem até que ponto desenvolvemos e equilibramos as muitas energias que fluem dentro de nós.

CAPÍTULO CINCO

~

COMO TIRAR PROVEITO DOS OPOSTOS

Vamos examinar algumas polaridades que precisamos equilibrar para alcançar um alto grau de prosperidade. Em seguida, veremos o que fazer para conseguir esse equilíbrio.

ATIVO E RECEPTIVO

Um par muito importante de energias opostas que temos dentro de nós é o dos aspectos ativo e receptivo, ou dinâmico e magnético. Muitas vezes refiro-me a eles chamando-os de princípios fundamentais masculino e feminino do universo.

Todos nós, como homens ou como mulheres, temos esses dois aspectos dentro de nós. Precisamos desenvolver essas duas energias e deixar que trabalhem em conjunto sem entrar em conflito uma com a outra.

Há duas maneiras básicas de ter poder ou de conseguir o que se quer na vida:

O modo ativo é ir atrás do que se deseja, fazer acontecer.

O modo receptivo é atrair o que se deseja, magnetizá-lo, deixar que aconteça.

O modo ativo exige concentração, agressividade, ousadia, persistência, capacidade de fazer e disposição para arriscar.

O modo receptivo exige abertura, vulnerabilidade, confiança, capacidade de ser e de esperar e disposição para ter e aceitar.

Nos papéis tradicionais de macho e fêmea, os homens em geral eram identificados com a polaridade ativa, enquanto a maioria das mulheres se identificava com a polaridade receptiva. O homem tinha a responsabilidade de sair de casa para prover a subsistência e para fazer o que fosse necessário para sustentar a mulher e a família. O mais importante de sua vida era desenvolver suas capacidades e habilidades para prover a subsistência, quer isso significasse caçar para conseguir o alimento ou ter um emprego.

A mulher precisava encontrar um marido que a protegesse e lhe desse sustento. A razão de sua vida era desenvolver suas habilidades para atrair o melhor (o mais poderoso) parceiro que cuidasse dela e dos seus futuros filhos.

Em casa, muitas vezes as coisas se invertiam — o que não é de surpreender, uma vez que, de algum modo, sempre é necessário alcançar um equilíbrio. A responsabilidade da mulher era cuidar do marido e da família, atender às suas necessidades de alimento, de roupas e de apoio emocional. Por outro lado, a expectativa era que o marido *recebesse* suporte da mulher dessa forma.

Esse sistema tradicional funcionou bastante bem durante muito tempo, mas havia limitações. Todos estavam presos a papéis constritivos do próprio sexo, com pouco espaço para a expansão ou desenvolvimento de suas polaridades interiores opostas como indivíduos.

Nesse ponto de nossa evolução, somos desafiados a desenvolver essas duas polaridades dentro de nós e a integrá-las em nossa vida, de modo a saber como e quando usar cada uma delas de modo apropriado e eficaz.

Quase todos estamos mais identificados com um ou outro desses opostos. Gastamos muito tempo e energia desenvolvendo um desses aspectos e é com ele que nos sentimos melhor e mais à vontade. Esse é o modo como conseguimos sucesso até agora, e por isso é o modo que conhecemos e no qual confiamos.

Entretanto, uma identificação excessiva com apenas um dos lados dessa polaridade acabará por nos limitar e nos causar um sofrimento sempre maior. Se agimos principalmente no modo ativo, podemos realizar muitas coisas, mas isso provavelmente será uma luta para nós e ficaremos exauridos. Se agirmos mais no modo receptivo, atrairemos muitas pessoas e oportunidades, mas teremos dificuldade para dar prosseguimento às ações iniciadas, o que nos deixará deprimidos e inadequados.

Assim, precisamos tomar consciência da polaridade para a qual nos inclinamos e aprender a desenvolver também o seu oposto. A maioria das pessoas realmente bem-sucedidas e prósperas tem ambas em equilíbrio.

Repito, nossa cultura está muito voltada para o modo masculino ativo, por isso ele é mais bem compreendido e mais aceito e valorizado.

Sou um bom exemplo de pessoa com polaridade ativa mais desenvolvida. Sou ótima em fazer as coisas acontecerem. Posso fazer quase tudo o que idealizo. Esse meu lado é muito forte; ele me ajudou a realizar muitas coisas e a ter muito sucesso.

Entretanto, tenho a tendência a assumir muitas coisas e a exigir demais de mim. Quando faço isso, minha vida se transforma numa guerra, e eu começo a me sentir exaurida e extenuada.

Quando isso acontece, é sinal claro de que preciso deixar um pouco de lado o modo ativo e ficar no receptivo — relaxando, cuidando de mim e confiando que as coisas aconteçam como devem acontecer. Esses momentos me lembram que, quando *faço* as coisas acontecerem, posso alcançar minhas metas, mas quando *deixo* que aconteçam, crio espaço para que o poder superior do universo me dê muito mais do que eu nem sequer poderia imaginar. Em outras palavras, o universo pode realmente trabalhar melhor quando eu não tento controlar tudo pessoalmente.

Aprender quando ir em frente com a minha energia ativa e quando relaxar na minha energia receptiva é um processo em que venho trabalhando há muitos anos. Minha vida está muito mais equilibrada hoje e, como resultado disso, sinto uma prosperidade muito maior em todas as áreas da minha vida. Mesmo assim, sou constantemente desafiada a níveis mais profundos de equilíbrio e de integração. Espero continuar me aperfeiçoando pelo resto da vida.

DAR E RECEBER

Nossas habilidades de dar e de receber estão no âmago de nossa capacidade de criar e de sentir a verdadeira prosperidade. Todos recebemos certos dons quando nascemos. Esses dons assumem a forma de nossos talentos, interesses e atributos peculiares, e também de nossas características humanas universais, como a nossa capacidade de amar e de nos apoiar mutuamente.

Quando nos esforçamos para viver nossa verdade e para nos expressarmos da maneira mais autêntica possível, entregando-nos verdadeiramente à medida que nos sentimos movidos a fazê-lo, damos naturalmente nossos dons às outras pessoas e ao mundo.

Como retorno, podemos receber reconhecimento, admiração, consideração, carinho, amor e, em certas circunstâncias, dinheiro e outras retribuições materiais. Recebendo dessa forma, repomos a energia vital que "gastamos", o que nos possibilita continuar oferecendo.

Assim, receber e dar são energias opostas que estão inextricavelmente unidas no fluxo natural da vida, como inalar e exalar. Se um aspecto desse ciclo não funciona, todo o ciclo deixa de fun-

Como Tirar Proveito dos Opostos ~ 61

cionar e a força da vida não consegue fluir livremente. Se você não consegue inalar, logo você não terá o que exalar, e em pouco tempo seu corpo não conseguirá continuar vivendo.

Isso pode parecer muito simples e óbvio, mas fazemos uma confusão enorme nessa área. Muitos de nós temos dificuldade para dar, para receber ou para ambos.

Pelo que observei, o problema mais comum é, verdadeiramente, a incapacidade de receber. Há inúmeras razões pelas quais receber é tão difícil para tantas pessoas. Certamente, um fator é o nosso condicionamento cultural. Em geral, vemos o ato de dar como louvável e meritório; receber, ou tomar, porém, nos parece perigosamente próximo do egoísmo, uma característica com muitas conotações negativas para a maioria de nós.

Grande parte desse ponto de vista provém de nossas crenças religiosas transcendentes tradicionais. Se a vida na Terra é um vale de pecado e de sofrimento, ou uma ilusão aprisionadora, então quanto mais quisermos ou tomarmos dela, com mais facilidade cairemos na armadilha. Quanto menos quisermos, mais livres estaremos para alcançar o reino espiritual. Nesse ideal espiritual, lutamos para não precisar ou não querer. Essa idéia está tão difundida que, tenhamos ou não uma tendência religiosa, nosso modelo de bondade é uma pessoa altruísta que dá sem pensar ou desejar para si mesma.

Esse ideal é de fato uma fantasia, uma vez que qualquer pessoa que tentar viver apenas um lado dessa polaridade, negando suas necessidades e desejos humanos naturais, será quase inevitavelmente apanhada em sua própria sombra. É por isso que muitos de nossos líderes espirituais e instituições religiosas acabam enredados em algum tipo de escândalo, em geral envolvendo sexo, dinheiro ou poder. Nossa crença é que pessoas espiritualistas não devem se interessar por coisas como essas. Mas sempre que tentamos negar qualquer de nossas necessidades ou desejos humanos naturais, eles encontram um modo de voltar e nos assediar.

Contudo, tendemos fortemente para esse modelo espiritual. Quase todos nós ouvimos e fomos profundamente influenciados pelo ditado: "É mais meritório dar do que receber." Poderíamos pensar numa possível alteração para: "Tanto dar como receber são ações meritórias, porque esse é o modo natural e equilibrado de viver."

Também achamos difícil receber por razões psicológicas. A posição de dar é essencialmente uma posição de poder. Quando damos, somos ativos; sentimos nossa força e nos sentimos virtuosos. O lado receptivo de uma interação é muito mais vulnerável. Para receber, precisamos reconhecer alguma necessidade ou desejo por aquilo que está sendo dado. Nosso mal-estar com a vulnerabilidade transforma o receber num desafio para muitos, pois ele pode nos pôr em contato com sentimentos profundos de falta de merecimento.

Muitos de nós nos identificamos em demasia com a energia do dar. Nossa grande preocupação é dar amparo; sentimos intuitivamente as necessidades dos outros e empenhamo-nos em dar-lhes conforto e bem-estar. Esse tipo de zelo pode ser muito proveitoso para as pessoas que estão à nossa volta, e às vezes muito estimulante para nós. Ele faz com que nos sintamos necessários e desejados, e também fortes e generosos.

Porém, como quase todos os nossos outros comportamentos habituais, freqüentemente essa é uma estratégia inconsciente para garantir nossa própria sobrevivência e bem-estar. Se damos aos outros, esperamos que eles precisem de nós e nos amem a ponto de jamais nos abandonar. Como amparadores, ficamos na posição forte de dar aos que parecem ter maiores necessidades do que nós, e assim deixamos de lidar com nossos próprios medos e necessidades.

Repito, desenvolver apenas um lado dessa polaridade faz com que fiquemos presos a um papel limitado. Dar em demasia deixa-nos extenuados e ressentidos, e incentiva o outro a ficar excessivamente dependente. Se somos inclinados a cuidar demais dos outros, precisamos deixar de dar tanto e aprender a receber.

Temos um exemplo da dificuldade que temos para receber no constrangimento que muitos de nós sentimos ao receber cumprimentos, agradecimentos, elogios ou, Deus nos livre, aplausos! Desenvolvemos todo tipo de saída criativa para não aceitar a energia que chega a nós com esse tipo de atenção.

Aprender a receber naturalmente um agradecimento é uma maneira simples de pôr em prática o aprender a receber. Se aprendermos a receber um elogio, com maior facilidade aprenderemos a receber amor, afeto, sucesso, dinheiro e outras formas de energia. Muitas vezes estou diante de grandes platéias agradecidas, e as pessoas freqüentemente expressam sua gratidão pelo modo como meus livros ou seminários as afetaram. No início, foi difícil para mim aceitar isso. Precisei de uma longa prática para introduzir esse aprendizado na minha vida. Hoje, devo admitir, essa sensação é fantástica!

É evidente que muitos de nós estamos bloqueados na polaridade oposta: temos dificuldade em dar de nós mesmos aos outros ou ao mundo. *Reprimimos* nossos sentimentos, *controlamos* nossa expressão e tentamos *manter* o que temos, inclusive nossa energia, nosso amor, nosso tempo, nosso dinheiro e nossas posses. Essa atitude de acumulação está enraizada num sentimento de escassez — um medo de que não haja o suficiente do que precisamos, de modo que é melhor agarrar-nos ao que temos. Isso é conseqüência de uma experiência profunda de não-satisfação de necessidades importantes no início da vida, e muitas vezes de não termos nossa expressão natural apoiada ou validada. No íntimo, temos um sentimento de deficiência ou de inadequação — a crença de que ninguém vai querer aquilo que temos para dar. Isso, associado com o medo de que nunca teremos o suficiente, pode fazer com que nos identifiquemos totalmente com a necessidade de receber.

64 ~ A CONQUISTA DA VERDADEIRA PROSPERIDADE

Podemos tentar preencher nosso vazio ou fome interior com comportamentos viciosos, como comer em excesso ou entregar-nos ao alcoolismo ou às drogas, com relacionamentos obsessivos ou com a sofreguidão compulsiva de mais e mais riqueza. Ou podemos ficar paralisados e deprimidos.

Assim como dar e receber são ambos partes de um ciclo natural, problemas com dar ou receber são como os dois lados de uma mesma moeda. Se não podemos dar, não podemos receber verdadeiramente, e vice-versa. Esses problemas estão profundamente enraizados em nossas experiências iniciais de vida. Precisamos de tempo e de trabalho para curá-los. O primeiro e mais importante passo é olhar honestamente para dentro de nós mesmos e nos tornarmos conscientes de nossos sentimentos e padrões. Outro passo importante é pedir e obter a ajuda e a orientação de que possamos precisar para o nosso trabalho de cura emocional profunda. Falaremos mais sobre esse assunto no Capítulo Seis.

Lembre-se: o verdadeiro receber acontece quando podemos reconhecer nossas necessidades e desejos, quando estamos à vontade com a nossa vulnerabilidade e quando sentimos uma confiança básica de que a vida nos proverá. O verdadeiro dar acontece quando sabemos receber plenamente. É fundamentados nessa plenitude que, naturalmente, partilhamos nossa energia com as outras pessoas.

FAZER E SER

Fazer e *ser* são outro par importante de energias opostas que estão intimamente relacionadas com as que examinamos até aqui. *Fazer* é um estado de atividade determinada, direcionada, orientada para uma meta. Ele nos capacita a gerenciar a tarefa da vida e todas as coisas que precisamos e que queremos realizar. O *ser* puro é um estado em que podemos ter a experiência plena do momento presente, sem pensar no passado ou no futuro. Com ele chegamos a um espaço interior mais profundo, onde podemos nos ligar com a nossa natureza espiritual. O *fazer* é, acima de tudo, o reino da personalidade, enquanto o *ser* nos leva para o reino da alma.

Essas energias são igualmente importantes. Sem a capacidade de fazer, seríamos impotentes e frustrados. Sem a capacidade de ser, nos sentiríamos vazios e nossa vida pareceria sem sentido. Todos nos sentimos mais à vontade e desenvolvidos em um modo ou no outro. Quanto mais pudermos equilibrar essas energias na nossa vida, maior será a nossa experiência de prosperidade.

Aqui também nossa cultura está fortemente voltada para a polaridade do *fazer*. Todos aprendemos que temos de fazer ou produzir alguma coisa durante quase todo o tempo. Se não estamos fazendo algo, temos a sensação de que estamos perdendo tempo. Admiramos as pessoas que conseguem fazer muitas coisas e nos sentimos culpados se não podemos acompanhar esse desempenho excepcional. Crianças e adultos que têm uma inclinação natural para o *ser* em geral são considerados sonhadores, e podem ser criticados como preguiçosos e desmotivados.

Parece que temos dificuldade para compreender que dedicar tempo para *ser* é a maneira de nos recuperar e revitalizar. O estado de *ser* repõe a energia vital que gastamos no *fazer*. Ele, literalmente, nos preenche. Muitas pessoas brilhantes, como Albert Einstein, usaram o devaneio como fonte para suas idéias criativas.

Encontro freqüentemente pessoas que estão tão desligadas dessa energia de *ser* que realmente não sabem o que ela é ou como encontrá-la. Quase todos a sentimos espontaneamente em determinados momentos da vida, quando simplesmente nos sentimos relaxados, em paz e satisfeitos por estar exatamente onde estamos, sem nenhuma necessidade ou desejo de fazer qualquer outra coisa. Muitas vezes a sentimos em momentos de tranqüilidade em que estamos sozinhos, com uma pessoa amada, ou na natureza. A natureza é um apoio extraordinário para o *ser* porque praticamente toda a criação está participando dessa energia — plantas, árvores, rochas, rios, oceanos, insetos e animais, tudo irradia a energia do *ser* e pode nos ajudar a encontrar a nossa própria energia. O mesmo acontece com os bebês e com as crianças.

Muitas disciplinas espirituais têm por objetivo ajudar as pessoas a entrar em contato profundo com a energia de *ser*, aprendendo a "estar aqui, agora". Todas as práticas de meditação podem nos ajudar a desenvolver a capacidade de ser. Pode parecer interessante, mas muitas pessoas se ligam com a energia do *ser* por meio de alguma espécie de atividade física vigorosa, rítmica, como caminhar, correr, nadar ou dançar.

Se tudo falhar, temos a oportunidade de *ser* enquanto dormimos. Tenho certeza de que um dos motivos por que o sono é tão importante está no fato de que ele nos ajuda a encontrar esse equilíbrio.

Algumas pessoas se identificam demais com o *ser*, e por isso precisam desenvolver mais a capacidade de *fazer*. Elas têm dificuldade de se concentrar e de seguir suas próprias idéias enquanto agem. Como, em relação ao nosso contexto cultural, elas levam consigo o lado sombra dessa polaridade, muitas vezes elas se sentem um verdadeiro fracasso, e podem se tornar cronicamente deprimidas. Elas precisam de apoio para poder agir, um passo por vez. A chave é pôr sua energia em movimento, física, emocional, mental ou espiritualmente.

Algumas pessoas desenvolveram muito o lado do *ser* dedicando-se durante muito tempo a uma prática espiritual que enfatiza o *ser* no momento presente. Elas podem sentir dificuldade para lidar com as realidades do mundo físico, inclusive para prover à própria subsistência e para administrar o dinheiro com eficiência. Elas precisam pôr "os pés no chão" e aprender a desenvolver o "ser em ação".

Riqueza no Que Diz Respeito ao Tempo

Um dos aspectos mais interessantes das energias do *ser* e *fazer* é o seu relacionamento com o tempo.

O tempo é um elemento muito importante da verdadeira prosperidade. Como podemos ter uma experiência de satisfação e realização em nossa vida se nunca há tempo suficiente para sentir e saborear essa experiência? No entanto, a maioria das pessoas que conheço, inclusive eu mesma, lutam diariamente com uma realidade que não lhes deixa tempo. Eu diria até que a escassez de tempo é um dos nossos maiores problemas. Quanto mais ricos nos tornamos, com dinheiro e bens materiais, mais pobres de tempo nos sentimos.

No passado, a maioria das pessoas tinha poucas opções na vida. Embora a vida fosse difícil para todos, pelo menos era razoavelmente simples, com poucas oportunidades e escolhas. Atualmente, temos possibilidades em profusão, e tentamos incluir quantas nos seja possível em nossa vida. Há muitas coisas para fazer, muitas opções. É difícil saber o que eliminar, e mesmo eliminando, não temos tempo de fazer as coisas restantes.

É como se o dinheiro devesse nos comprar tempo. Em certo sentido, ele faz isso, mas ao fazê-lo, traz consigo mais escolhas e mais complicações. Podemos contratar uma pessoa (ou várias) para fazer as coisas por nós — ficando livres, teoricamente, para fazer aquilo que preferimos ou para fazer menos coisas. Entretanto, logo descobrimos que passamos tanto tempo supervisionando as pessoas que empregamos, administrando o dinheiro, e assim por diante, que acabamos sentindo que o tempo *diminui* ainda mais. Se liberamos um certo tempo para satisfazer outros desejos, logo o preenchemos com novas atividades!

Não admira que muitos de nós comecemos a invejar as pessoas que têm menos dinheiro, levam uma vida simples e parecem ter muito mais tempo à sua disposição. De fato, uma nova tendência social está ocorrendo: muitas pessoas de sucesso estão optando por trocar a prosperidade financeira e material por estilos de vida mais simples e uma maior riqueza no que diz respeito ao tempo. Tudo isso está em íntima relação com o fazer e o ser. Quanto mais identificados estamos com a energia do *fazer*, mais coisas encontramos para fazer. Mesmo se desistirmos de nossa profissão, abandonarmos nossa família e nos mudarmos para uma ilha deserta, se não fizermos uma mudança interior e não desenvolvermos uma maior capacidade de *ser*, logo estaremos tão ocupados como sempre, sem tempo suficiente para tudo o que precisamos fazer. Conheço muitas pessoas que mudaram alguns aspectos externos de seu modo de vida, pensando que isso faria diferença, e sentiram uma dificuldade muito maior do que haviam imaginado.

O que acontece com o tempo quando nos ligamos com a energia do *ser*? Quando entramos no modo de *ser*, entramos no reino da intemporalidade. No puro ser, não há nenhum sentido de tempo — há apenas a total e rica experiência do momento presente.

Não podemos viver toda a nossa vida só com a energia do *ser*. Entretanto, tenho observado uma coisa interessante: à medida que integramos a energia do *ser* em nossa vida, num equilíbrio saudável com a energia do *fazer*, o problema do tempo começa a desaparecer. Como nos sentimos alimentados e fortalecidos com a experiência de ser, abandonamos naturalmente grande parte de nossa frenética busca do sucesso exterior e mesmo de experiências interessantes ou estimulantes. Nossa própria existência de cada momento se torna profundamente rica e significativa. As decisões passam a ser tomadas a partir do nosso espaço mais íntimo. Quando as coisas precisam ser feitas, temos energia para fazê-las e as fazemos sem esforço maior, ou alguém se responsabiliza por elas ou, ainda, acabamos concluindo que, afinal, elas não precisavam ser feitas. A vida se transforma num fluxo em que sentimos que nosso caminho se abre à nossa frente, exatamente como deve ser.

Pessoalmente, não estou nesse estado de equilíbrio o tempo

COMO TIRAR PROVEITO DOS OPOSTOS ~ 69

todo, e nem mesmo a maior parte do tempo. Entretanto, sinto-me mais equilibrada do que em tempos passados. Esse é, para mim, um processo gradual de desenvolvimento, uma experiência de aprendizado contínua.

Assim, na próxima vez que você acordar pela manhã e não sentir vontade de fazer coisa alguma, se for possível, respeite esse sentimento e fique com ele por alguns momentos. Se não for possível fazer isso nesse exato momento, reserve um tempo assim que possível para relaxar totalmente na energia do *ser*. Embora talvez não seja muito claro no início, essa prática simples será de grande proveito. O cultivo do equilíbrio entre as energias do *fazer* e do *ser* é a chave para ter a experiência de riqueza no que diz respeito ao tempo — um aspecto muito importante da verdadeira prosperidade.

ESTRUTURA E FLUXO

Fluxo é o movimento natural e espontâneo da energia. Estrutura é o princípio que cria ordem e limites. Como os outros conjuntos de polaridades, eles são muito importantes; precisamos encontrar um equilíbrio apropriado dessas energias para poder sentir prosperidade.

Como nos casos anteriores, a maioria de nós está mais desenvolvida e se sente mais à vontade com um desses princípios do que com o outro. Os que estão mais identificados com a estrutura geralmente são bons em administrar detalhes e gostam de planejar e organizar suas vidas. Os que se identificam principalmente com o fluxo gostam de seguir sua energia o mais espontaneamente possível, tendem a dar atenção ao panorama mais amplo e prestam menos atenção aos detalhes. As pessoas estruturadas em geral abordam as coisas de uma maneira mais racional e analítica, enquanto as que seguem o fluxo confiam mais em sua intuição e sentimentos.

É muito interessante observar esses dois princípios em relação ao modo como administramos nossas finanças. Se somos altamente estruturados, controlamos nossos talões de cheque todos os meses, fazemos um orçamento, gastamos dinheiro cuidadosamente e pensamos em termos de economizar e investir para o futuro. Acompanhamos a trajetória do dinheiro, sabendo de onde ele vem, onde ele está no momento e para onde vai.

Se somos do tipo que acompanha o fluxo, geralmente não planejamos nem organizamos muito nossas finanças. Confiamos em que o universo tomará conta de nós, que de algum modo o dinheiro aparece quando precisamos dele.

Naturalmente, esses dois tipos de pessoas em geral se casam ou formam uma sociedade comercial; uma leva a outra à loucura, discutindo sobre a melhor maneira de administrar o dinheiro! Na realidade, em parte elas se atraem porque cada uma precisa de alguma coisa que a outra tem. (Analisaremos isso mais detalhadamente no próximo capítulo.)

Cada uma dessas abordagens à administração do dinheiro tem suas forças e suas limitações. Se estivermos excessivamente identificados com uma polaridade e negarmos a outra, acabaremos sofrendo as conseqüências disso. Seremos incapazes de viver a prosperidade que almejamos.

Se somos muito estruturados, podemos deparar com uma situação na qual, talvez, trabalhemos demais, nos preocupemos em excesso, nos privemos de coisas que queremos realmente e que nos dariam prazer, não alcançando nunca a sensação de segurança que esperamos. Talvez falte prazer e alegria em nossa vida.

Por outro lado, se seguimos excessivamente o fluxo, podemos nos sentir sem uma base e incapazes de enfrentar certos aspectos práticos da vida. Podemos achar que somos limitados em nossa capacidade de criar sucesso no mundo, tanto o sucesso financeiro como qualquer outro. Podemos até mesmo criar um revés ou um desastre financeiro que revela que precisamos de fato aprender a administrar nosso dinheiro.

O mais importante é que precisamos desenvolver as energias e as capacidades que ainda não temos para encontrar o equilíbrio e viver a experiência da prosperidade. No próximo capítulo, veremos como fazer isso.

Capítulo Seis

~

O Desenvolvimento do Equilíbrio e da Integração

Como desenvolver as muitas energias que estão dentro de nós e integrá-las em nossa vida para podermos sentir mais equilíbrio, plenitude e prosperidade? Grande parte do meu crescimento pessoal e do meu trabalho com os outros girou, durante muitos anos, em torno desse processo.

A vida está sempre nos instigando na direção da nossa evolução e desenvolvimento. Isso acontece de muitas maneiras diferentes. Na verdade, toda experiência e evento de nossa vida faz parte desse processo. A maioria das pessoas está relativamente inconsciente desse fato. Elas são participantes passivas de sua jornada evolutiva, ou até resistem ativamente a ela, se a vida não acontece como elas desejam. Quando nos conscientizamos de que a vida é uma grande experiência de aprendizado, fica mais fácil cooperar com o processo. Podemos apoiar ativamente nossa própria cura e crescimento e participar dela.

Felizmente, vivemos numa época em que há muitos instrumentos, técnicas, professores, orientadores e mentores para nos ajudar ao longo do caminho. Certamente, alguns são melhores do

74 ～ A Conquista da Verdadeira Prosperidade

que outros, e alguns são adequados para nós num determinado momento de nossa vida e não em outro. É importante escolher cuidadosamente quem tem condições de nos influenciar. Lembre-se de que todos têm seus defeitos e limitações humanas, mesmo os que parecem mais evoluídos ou iluminados.

Podemos aprender muito e receber um apoio considerável de outras pessoas, desde que não demos nosso poder a ninguém. É essencial não nos despojarmos da autoridade que temos.

Tive muitos professores, terapeutas e orientadores em vários momentos de minha caminhada, e aprendi, usei e ensinei muitas técnicas diferentes que foram eficazes em vários níveis — espiritual, mental, emocional e físico.

Nos últimos anos, foi especialmente útil para mim o trabalho dos doutores Hal e Sidra Stone, tanto assim que incorporei boa parte de suas técnicas à minha própria atividade. Os Stones são psicoterapeutas que desenvolveram um mapa da psique, denominado Psicologia dos Eus, e que criaram a sólida técnica do Diálogo da Voz.* O trabalho deles é particularmente eficaz para nos ensinar a integrar as diversas energias da vida. Na seção a seguir, uso alguns conceitos e a terminologia deles.

Passos na Direção do Equilíbrio

Apresento a seguir os passos que podem nos ajudar a equilibrar adequadamente nossas polaridades interiores:

Passo Um: A primeira coisa que precisamos fazer é reconhecer que temos dentro de nós todas as diferentes energias do universo.

---

* Consulte a seção Referências Bibliográficas para obter informações sobre seus livros, fitas e cursos.

Elas vivem dentro de nós como diferentes "eus" ou "subpersonalidades" que fazem parte da estrutura da nossa personalidade. Algumas dessas subpersonalidades já estão bem desenvolvidas, e formam a parte principal da nossa personalidade consciente. Elas são chamadas de "eus primários". Todos temos um certo número de eus primários, que geralmente trabalham juntos para nos ajudar a sobreviver e a ter sucesso na vida. Por exemplo, alguns dos meus eus primários são o super-responsável, o instigador, o prazeroso, o amparador, o professor/curador. Normalmente, desenvolvemos nossos eus primários bastante cedo na vida, e eles geralmente permanecem como partes ativas de nossa personalidade no decorrer de toda a nossa existência. Até certo ponto, eles dirigem a nossa vida, fazendo a maioria das escolhas e tomando decisões de acordo com o que eles sentem que é importante.

Existem dentro de nós muitas outras energias, ou eus, que são relativamente pouco desenvolvidas. Essas são chamadas de "eus renegados". Alguns desses eus podem estar dominados ou refreados pelos eus primários para evitar que se tornem prejudiciais ou que incorram em julgamento ou crítica. Por exemplo: o meu eu primário, o que gostava de cuidar das pessoas, bloqueava a energia que poderia colocar minhas necessidades em primeiro lugar porque temia que eu pudesse ser considerada egoísta.

Alguns eus renegados podem ser simplesmente energias que ainda não tiveram tempo de se desenvolver. Por exemplo: eu era tão séria, responsável e esforçada durante todo o tempo que meu bom humor e simpatia não tinham muita oportunidade de se mostrar. Além do mais, existem em mim algumas subpersonalidades criativas que eu ainda não tive tempo de cultivar.

Os eus renegados formam a parte inconsciente de nossa personalidade. Podemos não saber nada sobre eles, ou podemos tentar escondê-los do mundo, ou até de nós mesmos, negando-os. Eles são o que Carl Jung chamou de nossa "sombra".

Entretanto, os eus renegados são partes importantes de nós.

76 ~ A Conquista da Verdadeira Prosperidade

Não só é impossível nos livrarmos deles, como de fato *precisamos* das qualidades que eles possuem para tornar a nossa vida mais equilibrada, rica e plena. Assim, a vida tem uma forma de nos colocar em situações em que somos forçados a encarar, reconhecer e desenvolver nossos eus renegados.

Nossos eus primários normalmente se sentem pouco à vontade com os eus renegados, e tentam impedir que eles se expressem. Os eus primários temem que, se essas energias opostas se manifestarem, talvez elas assumam o comando e controlem a nossa vida. Todavia, mesmo os eus primários acabam percebendo que precisamos de algum equilíbrio. Quando os eus primários estão convencidos de que estamos buscando o equilíbrio, e que não estamos indo para o extremo oposto, geralmente eles se dispõem a colaborar.

Passo Dois: Precisamos reconhecer nossos principais eus primários: Que energias desenvolvemos mais fortemente? Com que qualidades nos identificamos mais?

Tente fazer este exercício: Pegue papel e caneta; imagine que você está se descrevendo a alguém tão objetivamente quanto possível. Que palavras você usaria para se descrever? Anote essas palavras no papel. Concentre-se em descrever-se como você *normalmente* costuma agir. Você pode se imaginar como alguém que o conhece bastante bem, mas não intimamente — talvez um amigo casual ou um colega de trabalho —, o descreveria. Procure não julgar essas qualidades como boas ou más, apenas descreva objetivamente como você se comporta a maior parte do tempo. Veja um exemplo de duas pessoas diferentes:

Karen	***Ian***
Expansiva	Musical
Cordial	Quieto
Enérgica	Artístico

Rebelde	Tímido
Independente	Vegetariano
Forte	Engraçado
Ativa	Espontâneo
Desorganizada	Intuitivo
Tagarela	Espiritualista
Entusiasta	
Atlética	

Reflita sobre algumas polaridades que descrevi no último capítulo. Você se identifica com algumas dessas qualidades? Por exemplo, "ativo", "generoso", "empreendedor", "organizado". Em caso afirmativo, anote-as na sua lista, se ainda não o fez. Agora, provavelmente, você tem uma lista bastante boa de alguns dos seus eus primários principais.

Passo Três: Conheça e valorize esses eus primários. Se quiser, escreva algo sobre eles. Pense em quando, em por que e como você desenvolveu cada um deles. Alguns teriam sido modelados por influência de um dos pais, ou por algum outro modelo ou exemplo? Alguns teriam sido desenvolvidos num esforço de ser diferente de um dos pais ou irmãos? Alguns dos seus eus primários seriam os eus renegados dos demais membros de sua família? De que forma isso ajudou ou colaborou no desenvolvimento de seus eus primários? Como os seus eus primários o ajudaram a sobreviver ou a ter sucesso na vida? Como eles o têm protegido e têm procurado cuidar de você?

Depois de refletir sobre essas perguntas, depois de formar uma certa idéia de como seus eus primários o beneficiaram, procure fazer o seguinte exercício:

Feche os olhos e imagine um dos seus eus primários como se ele fosse uma pessoa real. Você pode formar um quadro mental dele — ver como está vestido, o que está fazendo — ou você pode apenas ter uma sensação dele. Por exemplo, imagino o meu eu responsável como uma mulher forte, ligeiramente inclinada a carregar o peso do mundo nas costas e sentindo-se realmente cansada. Imagine-se agradecendo a essa parte sua por tudo o que ela fez e está fazendo por você. Faça-a saber que você admira o trabalho dela e o papel importante que ela desempenha na sua vida. Diga-lhe que, apesar de você precisar de mais equilíbrio na sua vida e de que vai relacionar-se com algumas outras energias, você não quer perder as qualidades que ela lhe proporcionou. Você ainda quer que ela faça o trabalho dela, mas espera que esse trabalho fique um pouco mais fácil quando você estiver mais equilibrado.

Em seguida, repita o exercício com cada um dos eus primários. Isso pode ser muita coisa para fazer de uma só vez; por isso, pratique no decorrer de um certo tempo, ou espontaneamente, quando perceber que um eu primário está ativo em você.

Passo Quatro: Uma vez que você começa a tomar consciência dos seus eus primários, você não está mais totalmente identificado com eles. Você começa a se separar um pouco deles. Você percebe que eles não são *quem você é,* que são apenas *partes* de quem você é. Quem você é realmente é muito maior e tem a capacidade de conter e expressar *todas* as energias. É como se você olhasse o mundo através de óculos ou de binóculos pequenos, e só pudesse ver certas coisas. Você os tira e percebe que existe um mundo muito maior.

Essa experiência de nos separarmos de nossos eus primários é o passo mais importante no crescimento da consciência. A parte nossa que é capaz de reconhecer os eus primários, sem se identificar com eles, é chamada de "ego consciente". O trabalho do ego consciente é continuar adquirindo mais consciência sobre todos os nossos diferentes aspectos, sem se identificar completamente com nenhum deles. Quando começamos a desenvolver um ego consciente, temos a oportunidade de escolher que partes nossas queremos expressar num determinado momento. O desenvolvimento de um ego consciente é um processo gradual, de toda uma vida, mas cada passo que damos faz diferença.

Passo Cinco: Identifique alguns dos eus renegados que você precisa ou quer desenvolver. Você pode começar pensando sobre as polaridades que descrevi no último capítulo. Por exemplo, se um de seus eus primários é um doador, você pode ter renegado a parte sua que quer receber. Se o seu eu primário é dado a devaneios, você pode ter um organizador/planejador renegado.

Outra maneira de descobrir seus eus renegados é repassar sua lista de eus primários e pensar no oposto de cada um. Se as palavras que lhe ocorrerem para os opostos forem muito negativas, veja se consegue pensar na essência positiva que está por trás do seu julgamento negativo. Procure pensar no valor, no benefício ou no equilíbrio que essa energia pode lhe trazer. Por exemplo, se um dos seus eus primários é responsável, e o oposto disto é o irresponsável, a essência positiva dessa qualidade pode ser "livre de preocupações". Se você é excessivamente responsável, seria ótimo você achar tempo na sua vida para se sentir e agir de forma despreocupada.

Passo Seis: Pense em como você poderia dar pequenos passos graduais no sentido de desenvolver um eu renegado, conservando ao mesmo tempo suas forças primárias.

Se você está muito identificado com o dar, você poderia começar a desenvolver seu lado receptivo, de início apenas inspirando profundamente, concordando em receber plenamente a energia vital. Depois, na primeira vez que alguém lhe fizer um cumprimento ou manifestar apreço, inspire profundamente e aceite esse reconhecimento. Em seguida, você pode praticar pedindo alguma coisa de que precisa ou que deseja — um abraço, um

80 ~ A Conquista da Verdadeira Prosperidade

ouvido que escute, alguma ajuda num projeto, um pequeno presente. Continue dando pequenos passos para expandir sua capacidade de receber, ao mesmo tempo que desfruta de sua capacidade de dar. Ao fazer isso, não tenha pressa, pois este é um processo gradual.

Se tiver renegado alguns aspectos de sua criatividade, pense nos passos que pode dar para entrar em contato com essa parte sua e deixe que ela se manifeste. Comece com coisas que não sejam ameaçadoras — ler livros sobre o assunto, escrever sobre ele em seu diário, talvez até começar um pequeno projeto criativo. Continue em seguida com alguma coisa que envolva um pequeno risco, como assistir a algumas aulas ou elaborar um projeto criativo maior. Faça isso para satisfação própria e tente não se preocupar demais com o que os outros possam pensar.

Equilíbrio Entre Estrutura e Fluxo

Vejamos mais detalhadamente as polaridades que descrevi no final do capítulo anterior — estrutura e fluxo na área das finanças — como um exemplo de como podemos desenvolver a energia oposta àquela com a qual estivemos identificados.

Se você é muito bem estruturado e organizado, você precisa aprender a soltar o controle um pouco mais — mas não completamente! Pratique ouvindo sua intuição e agindo através dela. Comece com pequenas coisas. Talvez você precise assumir alguns riscos financeiros, ou quem sabe comprar para si mesmo algo que realmente deseja e que custa um pouco mais do que você costuma gastar. Quem sabe, você até mesmo necessite deixar um emprego que não lhe agrada mais e seguir o seu coração numa nova direção.

Certamente esse tipo de mudança pode lhe trazer um grande medo de perder tudo e de acabar tornando-se uma pessoa sem lar!

O Desenvolvimento do Equilíbrio e da Integração ～ 81

Por isso é que é importante seguir esse processo lenta e gradual-mente. Não há necessidade de renunciar às suas capacidades efi-cazes, como planejar e fazer orçamentos. É apenas uma questão de abrir-se um pouco mais à energia oposta. A idéia é que, lenta-mente, você comece a confiar em si mesmo e na vida. Siga seus sentimentos intuitivos e movimente-se com o fluxo da vida, e a vida cuidará de você.

Se você é uma pessoa que segue o fluxo excessivamente, adi-vinhe o que você provavelmente precisará fazer? Isso mesmo; con-trole seu talão de cheques! Não apenas uma vez, mas todos os meses. Você precisa começar a anotar escrupulosamente todos os cheques que emite. Talvez, para fazer isso, você precise fechar sua conta corrente antiga e abrir uma nova. Você também precisa apren-der a fazer um orçamento e viver de acordo com ele.

Tenho encontrado muitas pessoas excessivamente identificadas com o fluxo e que ficam aterrorizadas com a idéia de ter de cuidar dos detalhes financeiros de suas vidas e de enfrentá-los. Elas sen-tem que tudo isso é uma coisa incrivelmente árida, maçante e limitante, e temem que possa matar seu espírito e destruir a magia da vida. Temem também que se realmente encararem a realidade da situação, descobrirão algo desagradável, como o fato de que gastam mais do que ganham.

Tenho ensinado pessoalmente a muitas pessoas como plane-jar o uso do dinheiro. Muitas vezes elas ficam chocadas ao desco-brir que, mais do que limitá-las, um orçamento pode ser um ele-mento de apoio e de libertação. A idéia é encarar a realidade e trabalhar com ela. Quanto você ganha realmente? Quanto você gasta realmente? Quais são as suas reais necessidades? Se você ganha menos do que gasta, como pode simplificar suas necessida-des por algum tempo ou descobrir como ganhar mais? Um orça-mento pode incluir alguns de seus desejos e vontades, assim como suas necessidades, e reservar espaço para o lazer e alguns extras. Um bom orçamento é um guia que lhe permite viver de acordo

82 ~ A Conquista da Verdadeira Prosperidade

com os seus meios. É também um plano que pode ajudá-lo a criar a realidade financeira que você deseja.

Recomendo que você encontre um bom consultor financeiro, um contador ou um amigo que seja bom com dinheiro e lhe peça para ensinar-lhe o básico da administração financeira — orçamento, poupança e investimento. Se você tem débitos e problemas financeiros, os Devedores Anônimos (um dos programas de doze passos) pode ser um recurso extraordinário de apoio emocional, de ajuda para que você enfrente a situação mais imediata e dê oportunidade para adotar hábitos mais saudáveis. E isso, de graça! Você pode localizar essa entidade nas listas telefônicas na maioria das grandes cidades. Se sua tendência é acumular dívidas, pense seriamente na possibilidade de se livrar de seus cartões de crédito. A maioria das pessoas acha difícil lidar com eles, e para muitas pessoas eles são um verdadeiro desastre.

Tornar-se mais estruturado e organizado com suas finanças e com sua vida não significa que você precise deixar de ser espontâneo ou perder sua confiança no fluxo da vida. Antes, pode ajudá-lo a se firmar sobre uma base de modo que você possa usar seu espírito criativo de uma maneira mais eficaz.

Para Usar o Espelho da Vida

Com freqüência, ficamos tão agarrados às nossas crenças e padrões antigos que não conseguimos ver as mudanças que precisamos fazer. Mesmo quando nos sentimos frustrados com nossos problemas, podemos não perceber o que precisamos aprender para mudar as coisas. É por isso que precisamos usar o espelho da vida.

Como já vimos no Capítulo Três, tudo em nossa vida reflete o ponto em que estamos no processo de desenvolvimento da integração e do equilíbrio. Podemos usar tudo o que acontece

O Desenvolvimento do Equilíbrio e da Integração ～ 83

exteriormente como um espelho que nos ajuda a ver dentro de nós mesmos as áreas que precisam de cura e desenvolvimento. Sempre que temos um problema, especialmente um problema recorrente ou crônico, ele é sempre uma flecha apontando diretamente para algum aspecto da nossa psique da qual precisamos ter mais consciência.

Se aceitamos que a vida está sempre tentando nos ensinar exatamente o que precisamos aprender, podemos ver tudo o que acontece como uma dádiva. Mesmo experiências desagradáveis ou dolorosas contêm algo importante para a nossa cura, plenitude e prosperidade.

Podemos ter dificuldade para compreender o que o espelho da vida está tentando nos mostrar; mas, se pedirmos sinceramente pelo aprendizado e pela dádiva em cada experiência, de uma maneira ou de outra essa compreensão nos será revelada.

Uma das reflexões mais esclarecedoras com que temos de trabalhar é a que nos é proporcionada pelos nossos relacionamentos. Todas as pessoas que atraímos para a nossa vida são, de certa forma, um espelho para nós. Todos os nossos relacionamentos — nossas famílias, filhos, amigos, colegas de trabalho, vizinhos, animais de estimação e também nossos parceiros românticos — refletem determinadas partes nossas. O modo como reagimos a uma pessoa geralmente é uma indicação de como nos sentimos com relação a partes de nós que ela espelha.

Todos nós atraímos certas pessoas que desenvolveram qualidades opostas àquelas com as quais mais nos identificamos. Em outras palavras, elas espelham nossos eus renegados e nós espelhamos os delas. Com freqüência, esses são os relacionamentos que apresentam maior carga emocional. Nós amamos essas pessoas, ou as odiamos, ou as duas coisas! Sentimo-nos muito atraídos por elas, e/ou muito constrangidos, críticos, entediados ou frustrados em relação a elas. Quanto mais fortes forem os sentimentos, mais importantes elas serão para nós como espelho. Nós as atraímos para a nossa realidade para que elas nos mostrem algo que precisamos desenvolver em nós mesmos. O fato de termos sentimentos tão fortes (de um modo ou de outro) com relação a essas pessoas significa que elas estão nos mostrando uma parte de nós que precisamos reconhecer, aceitar e integrar.

Isso não significa que precisamos ficar com elas ou manter um relacionamento prejudicial ou inapropriado. Significa apenas que, enquanto elas fizerem parte da nossa vida, ou mesmo dos nossos pensamentos e sentimentos, podemos usar esse relacionamento como uma experiência de aprendizado. Também não significa que temos de nos tornar *iguais a elas*. Elas podem ter uma energia que nos seja muito necessária, mas também podem estar num extremo oposto ou podem expressar essa energia de uma maneira distorcida.

Mesmo assim, podemos buscar a essência positiva nas qualidades opostas que elas têm. Por exemplo, se você foi ensinado a nunca expressar raiva, provavelmente, em algum momento, você se relacionará com uma pessoa que expressa sua raiva sempre e intensamente. A vida está lhe passando uma mensagem explícita de que é tempo de você aprender a reconhecer a sua própria raiva. Não significa que você deva se tornar igual a essa pessoa e descarregar sua raiva por onde anda. Significa que você precisa encontrar o equilíbrio adequado, aprendendo a afirmar-se e mantendo-se de pé por si mesmo.

Se você desenvolveu muito a energia do *ser*, mas tem dificuldade de agir, você pode descobrir que alguém importante em sua vida é um realizador compulsivo que não consegue relaxar. Naturalmente, você não quer chegar a esse extremo; mas essa pessoa é o seu mestre para mostrar-lhe a energia de ação que você precisa desenvolver. Certamente, você também é um mestre para ela, mas normalmente não dá resultado algum você tentar mostrar-lhe o que ela precisa aprender de você — apesar de todos sucumbirmos a essa tentação. É mais eficaz concentrar-nos no que *nós* precisamos aprender na situação. Uma vez que usemos o espelho para

O Desenvolvimento do Equilíbrio e da Integração ~ 85

compreender o que precisamos, e realmente façamos o trabalho para desenvolver o eu renegado, todo o padrão da relação mudará. Se estamos muito identificados com o poder, atrairemos pessoas vulneráveis, carentes. Esse espelho reflete a nossa necessidade de reconhecer e aceitar a nossa própria vulnerabilidade. Quando fazemos isso, as pessoas carentes presentes na nossa vida ou se fortalecem ou se afastam. Se somos excessivamente vulneráveis e renegamos o poder, teremos um relacionamento com alguém que, de uma forma ou de outra, usa o poder. Nós nos sentiremos esmagados, controlados ou vitimados por elas até que assumamos o nosso poder, ponto no qual a relação ou se dissolverá ou se tornará mais equilibrada.

Como mencionei no capítulo anterior, é freqüente a tendência de nos aproximarmos de um parceiro romântico ou empreendedor que tenha uma abordagem oposta à nossa em termos de administração financeira. Se a diferença não é muito extremada, este pode ser um equilíbrio complementar e harmonioso em que valorizamos e aprendemos um com o outro. Porém, se estamos muito polarizados, a experiência pode ser dolorosa e frustrante, levando a muito conflito e *stress.*

Ainda assim, é uma dádiva — uma oportunidade para reconhecer como estamos identificados com uma polaridade e uma ocasião para desenvolver a energia oposta de que precisamos. Como em qualquer relacionamento, isso exige que nos comuniquemos um com o outro e que tenhamos boa vontade para ouvir e criar empatia com os sentimentos e a perspectiva do outro. Se nos sentimos bloqueados nessa nossa capacidade de comunicação, esse pode ser o momento adequado para solicitar a intervenção de uma terceira pessoa habilitada — um terapeuta, um conselheiro matrimonial ou um mediador — para nos ajudar. Pessoalmente, acredito que todos precisamos de ajuda em certos momentos para resolver as grandes questões que se refletem nos nossos relacionamentos mais íntimos.

86 ~ A Conquista da Verdadeira Prosperidade

O tópico dos relacionamentos é complexo e fascinante; mal posso mencioná-lo, para não desvirtuar os objetivos deste livro.* Todavia, se você captou a idéia básica sobre como nossos relacionamentos nos indicam os passos que precisamos dar para o nosso crescimento pessoal, você pode começar a usar seus relacionamentos como guias extraordinários no caminho para a verdadeira prosperidade.

---

* Algum dia, não muito distante, escreverei um livro sobre esse tema. No entretempo, recomendo o livro dos Stones *Embracing Each Other*, e várias de suas fitas sobre relacionamentos.

CAPÍTULO SETE

~

DESEJAR E PERTENCER

Se prosperidade é a experiência de termos o suficiente do que realmente necessitamos e desejamos, como sabemos o que verdadeiramente necessitamos e desejamos? Todos já tivemos a experiência de pensar que precisávamos de algo, ou de que queríamos desesperadamente um certo objeto, experiência ou relacionamento, apenas para descobrir que: (1) depois de conseguir o que queríamos, isso não nos fez mais felizes ou satisfeitos, pelo menos não como havíamos desejado, ou (2) não conseguimos o que queríamos e mesmo assim a vida seguiu seu curso normal.

Para deixar as coisas ainda mais confusas, quase todos nós estivemos expostos a filosofias conflitantes sobre como lidar com nossos desejos. O ponto de vista materialista diz que devemos procurar satisfazer todos os nossos desejos pela acumulação de riqueza, posses, poder e posição social. As agências publicitárias dedicam-se a reforçar e a expandir nossos desejos por todos os tipos de coisas e de experiências. As religiões do Ocidente nos dizem que muitos de nossos desejos são pecaminosos e nos levam ao caminho do inferno. Uma premissa fundamental da filosofia budista é que o desejo — ou, pelo menos, o *apego* — é a raiz de todo sofrimento; o objetivo é transcendê-lo. Certas filosofias populares do movimento da Nova Era nos asseguram que podemos ter tudo o que desejamos, sem limites, se estamos abertos a isso. Não admira que muitos de nós nos sintamos inseguros sobre se devemos perseguir ou abandonar nossos desejos.

Num nível emocional, todos passamos pela não-satisfação de nossas necessidades ou pela não-realização de nossos desejos na vida. Como resultado, todos sofremos algum grau de desapontamento, frustração e dor. Se a dor foi intensa, podemos ter decidido, consciente ou inconscientemente, proteger-nos de uma decepção maior negando nossa necessidade e desistindo de nossos sonhos e desejos. Infelizmente, quando nos fechamos desse modo, impedimos o fluxo da energia vital em nós, e nos tornamos deprimidos e paralisados.

Assim, como podemos nos relacionar com nossas necessidades e desejos de um modo saudável e que possa trazer-nos a verdadeira prosperidade?

Em primeiro lugar, vamos refletir sobre a diferença entre uma necessidade e um desejo. Na minha perspectiva, uma necessidade é algo essencial para a nossa sobrevivência e satisfação básica. Temos necessidades em todos os níveis — físico, mental, emocional e espiritual. Nossos verdadeiros desejos são os nossos anseios pelas coisas que achamos que irão ampliar e enriquecer nossa vida e nosso desenvolvimento. Essas não são duas categorias separadas e nitidamente definidas. Antes, nossas necessidades e desejos existem dentro de um espectro. Algo assim como:

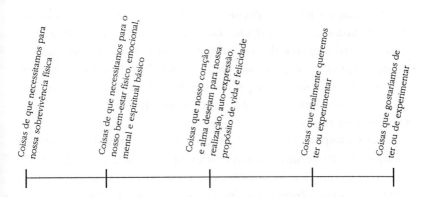

Obviamente, se nossas necessidades básicas de sobrevivência não são atendidas, nada mais terá importância por um bom tempo. Em geral, quanto mais avançarmos no espectro, satisfazendo cada categoria, maior será a nossa experiência de prosperidade.

Falsos Anseios

Existe um outro tipo de desejo que eu chamo de falso anseio, ou vício. Um falso anseio é algo que pensamos que queremos mas, quando o obtemos, ele não nos satisfaz realmente nem melhora nossa vida. Somos seduzidos pelos falsos anseios quando não temos consciência de nossas reais necessidades e desejos, ou quando não sabemos como satisfazê-los.

Quando perseguimos um falso anseio a ponto de nos tornarmos obsessivos e descontrolados, ele se torna um vício. Um vício aparece para satisfazer algumas necessidades do momento, mas não por muito tempo, porque ele não satisfaz nossas necessidades *reais*. Na verdade, um vício provoca um número crescente de danos e destruição na nossa vida e na de todas as pessoas que nos cercam.

Um dos efeitos mais prejudiciais do vício é que ele nos impede efetivamente de entrar em contato com nossas necessidades e desejos verdadeiros e de aprender a satisfazê-los. Por essa razão, e muitas outras, se esperamos criar a verdadeira prosperidade em nossa vida precisamos antes conhecer e começar a curar os padrões viciosos que porventura tenhamos. E todos temos algum vício, maior ou menor.

Nestes tempos em que vivemos, sabemos muito bem que não estamos longe de uma virtual epidemia de drogas e de álcool em nossa sociedade. Também estamos começando a conhecer o quanto muitas pessoas sofrem de sérios vícios alimentares, como anorexia e bulimia. Outras formas de comportamentos viciosos comuns incluem o vício do sexo, várias formas de relações obsessivas e compulsão pelo trabalho.

Alguns desses vícios são mais sutis do que outros, e alguns, como o vício do trabalho, são tão aceitos pela sociedade que dificilmente são reconhecidos como um comportamento viciado. A própria meditação pode tornar-se um vício para algumas pessoas. Qualquer coisa que façamos habitualmente para evitar o sofrimento de não termos atendidas nossas necessidades reais pode ser um vício.

Existem muitas formas de comportamento viciado relacionadas com o dinheiro. O vício do jogo é extremamente comum e destrói muitas vidas e famílias. Muitas pessoas têm o vício de comprar; brincamos com isso, mas esse pode ser um vício sério se for usado habitualmente para evitar o contato com nossas reais necessidades e sentimentos. O desejo compulsivo de gastar dinheiro ou de consumir bens materiais pode levar à dívida crônica e a vidas arruinadas. A obsessão de ganhar sempre mais dinheiro quando já possuímos uma riqueza considerável é sem dúvida um vício — uma tentativa de satisfazer um anseio crônico por segurança, poder ou posição social. É desnecessário dizer que os vícios relacionados com o dinheiro, quando não são reconhecidos e tratados, fatalmente prejudicarão todas as possibilidades que possamos ter de desfrutar uma verdadeira prosperidade financeira.

Nossos vícios são formas que utilizamos inconscientemente para tentar preencher o vazio interior que sentimos. Esse vazio só pode ser preenchido pelas coisas de que realmente necessitamos, como uma ligação profunda com nossa fonte espiritual, uma relação estreita com o mundo natural, um contato amoroso com outros seres humanos, um trabalho prazeroso e a sensação de contribuir com algo de bom e útil. Para preencher essas necessidades, precisamos antes senti-las.

Um vício não é algo de que devamos nos envergonhar, embora quase todos tenhamos essa atitude. Todos temos vícios, de um tipo ou de outro. Fato extraordinário é quando nosso comportamento viciado se torna tão doloroso e autodestrutivo que nos obriga a começar ou a aprofundar nosso processo de cura.

Temos muita sorte de viver numa época que dispõe de muitos recursos que nos ajudam e apóiam nesse processo. Os programas dos doze passos, como Alcoólicos Anônimos, Al-Anon, Comedores Compulsivos Anônimos, Jogadores Compulsivos Anônimos, Compradores Compulsivos Anônimos, e assim por diante, parecem ser o modo mais eficaz que a maioria das pessoas encontra para lidar com seu processo vicioso. Temos também muitos terapeutas e grupos de apoio que se especializam nessas questões. Se você acha que tem problemas com algum vício, eu o incentivo a procurar a ajuda apropriada. Talvez esse seja o passo mais importante que você possa dar em direção à saúde, à felicidade e à verdadeira prosperidade!

Como Descobrir Nossos Verdadeiros Desejos

Depois de iniciar o processo de cura de nossos falsos anseios e vícios, podemos começar a descobrir nossas verdadeiras necessidades e desejos e a aprender como satisfazê-los.

Nossos desejos verdadeiros vêm do nosso coração e da nossa alma, e precisamos respeitá-los e confiar neles. A vida nos leva na direção que ela quer para que realizemos nossas aspirações mais profundas. Nossos desejos nos estimulam a prosseguir no nosso caminho, aprendendo, crescendo e desenvolvendo nossa forma singular de expressão criativa. Nossos sonhos nos guiam para a realização de nosso propósito de vida.

O poeta David Whyte tem um modo maravilhoso de brincar com as palavras desejar e pertencer [*longing* e *belonging*]. Todos temos um desejo ardente de pertencer a algum lugar, de fazer parte de algo maior do que a nossa solitude individual. Ele diz que podemos ir do nosso desejar ao nosso pertencer, àquele lugar na vida que é só nosso como parte da grande tapeçaria da existência.

Segue um exercício para ajudá-lo a entrar mais em contato com suas necessidades e desejos:

(1) Encontre um lugar silencioso onde ninguém possa perturbá-lo por uma ou duas horas, um ambiente agradável e reparador. Leve um caderno e uma caneta. Durante algum tempo, pense profundamente sobre o que você realmente quer na vida, o que é mais importante para você. De que você precisa nos níveis espiritual, mental, emocional e físico?

(2) Anote tudo o que lhe vier à mente. Inclua coisas palpáveis e impalpáveis. Lembre-se de que algumas de nossas necessidades mudam em diferentes momentos de nossa vida. Inclua tudo o que for importante para você.

(3) Em seguida, examine cada item e escreva sobre o motivo por que ele é importante para você. Veja se consegue reduzir tudo a seus componentes essenciais.

Um exemplo:
Eu quero uma bela casa.
Por quê?

Porque eu quero me sentir seguro e confortável e viver num ambiente bonito. Quero expressar minha energia criativa mobiliando-a e decorando-a, e construir um ninho onde possa criar meus filhos. Também quero que as pessoas respeitem o fato de eu ter conseguido dinheiro suficiente para comprar uma casa tão agradável. Assim, os elementos importantes desse desejo, para mim, são segurança, conforto, auto-expressão criativa, sustento de minha família, reconhecimento por parte das pessoas da minha capacidade de realmente manifestar o meu poder no mundo.

Como você pode ver, há inúmeras necessidades emocionais e criativas importantes implícitas no desejo de uma coisa aparentemente exterior.

Lembre-se de que o processo de conquista da prosperidade repousa no conhecimento de quais são as suas reais necessidades e desejos. Reconhecer e assumir uma responsabilidade consciente pelas suas necessidades é um passo essencial e decisivo em direção à conquista do que você quer.

Estar consciente das necessidades profundas que estão envolvidas no desejo de uma casa ajuda-lo-á, de modo muito intenso, no processo de encontrar uma casa realmente perfeita para você. Pode ser uma mansão na cidade ou uma simples cabana na floresta, dependendo de você e de sua jornada de vida. Se for a casa apropriada para você, uma casa que você criou a partir da escuta atenta de si mesmo, suas dimensões serão totalmente irrelevantes; você se sentirá extremamente próspero com relação a ela.

Os mesmos princípios se aplicam a todas as outras áreas da sua vida.

Às vezes é difícil começar, e o estímulo dos amigos pode ser muito útil. Apresente a cinco amigos e/ou pessoas da família as seguintes perguntas:

De acordo com a sua visão, o que eu realmente quero ou preciso ter e não tenho?

Há algum desejo em mim do qual não estou consciente, segundo a sua percepção?

Ouça essas respostas com certa reserva, pois essas pessoas podem estar expressando suas próprias necessidades e desejos. No entanto, elas podem perceber coisas que você talvez não veja.

CONFIE NA INTUIÇÃO

A melhor maneira que encontrei de perceber meus verdadeiros desejos é prestando atenção à minha intuição. Todos temos uma grande sabedoria dentro de nós, uma parte de nós que sabe exatamente o que precisamos a cada momento. Nascemos com esse sentido intuitivo, mas somos rapidamente ensinados a desconfiar dele e a ignorá-lo. Temos de reaprender algo que deveria se manifestar de modo natural. Felizmente, não é muito difícil; um pouco de prática já é suficiente.

Seguir nossa intuição não é nenhuma experiência mística sublime. Na verdade, é uma coisa simples e prática — é aprender a confiar em seus sentimentos viscerais. É importante praticar com coisas aparentemente pequenas da vida.

Uma amiga minha descreveu-me recentemente sua experiência: Ela estava trabalhando em um projeto em seu escritório, em casa, quando percebeu que estava se sentindo deprimida. Um amigo telefonou, e quando ela mencionou como estava se sentindo, ele lhe perguntou: "O que lhe daria novo ânimo?" Ela sentiu instantaneamente: "Eu adoraria passear com meu cachorro nesse tempo maravilhoso."

Mas, sabendo que tinha muito trabalho a fazer, ela logo se sentiu culpada. Ela se obrigou a trabalhar por mais duas horas, mas pouco conseguiu fazer. Finalmente, saiu para passear, sentiu-se muito melhor e voltou inspirada para completar o projeto em tempo.

Esse é um exemplo simples e bonito de como as coisas fluem tranqüilas quando confiamos nos nossos sentimentos intuitivos sobre nossas necessidades de cada momento e os seguimos. Quando não agimos assim, freqüentemente terminamos bloqueados, frustrados ou deprimidos.

Como vimos no Capítulo Seis, temos muitas vozes diferentes dentro de nós e, por isso, é preciso certa prática para aprender a distinguir nossa orientação intuitiva interior de outras energias. Nossa intuição tem certas características específicas que podemos aprender a reconhecer.

Nossa orientação interior está sempre dentro de nós, mas não é sempre que conseguimos entrar em contato com ela ou ouvi-la. Se estamos presos na nossa mente racional, podemos ter dificuldade em nos relacionar com nossa intuição; talvez precisemos aprender a relaxar e a não pensar demais por um certo tempo. Se estamos emocionalmente bloqueados ou aborrecidos, talvez precisemos de algum estímulo ou cura emocional antes de entrar em contato com a intuição. Desenvolver um relacionamento com nossa orientação intuitiva interior é um processo gradual e muito recompensador.

Escrevi extensamente sobre esse tópico em *Vivendo na Luz* e em outros livros, e tenho várias fitas com meditações dirigidas sobre o desenvolvimento da intuição e da orientação interior. Se quiser saber mais sobre esse assunto, recomendo essas fontes.

O próximo capítulo inclui um exercício simples para ajudá-lo a seguir sua intuição. Ouvir, confiar e seguir sua intuição são passos importantes para a verdadeira prosperidade; essas são atitudes que trazem resultados concretos e quase imediatos.

Capítulo Oito

~

Passos Para a Verdadeira Prosperidade

A verdadeira prosperidade não é algo que criamos da noite para o dia. Na verdade, ela não é uma meta fixa, um lugar onde finalmente chegaremos ou um certo estado que algum dia alcançaremos. A prosperidade é um processo contínuo de busca da realização que se desenvolve e aprofunda durante toda a nossa vida.

Neste capítulo, apresentarei sete passos na jornada que conduz a um sentido crescente de prosperidade. Não são passos que devam ser dados necessariamente numa ordem específica. Antes, eles descrevem os diferentes elementos da jornada. Cada um de nós tem seu próprio caminho peculiar. Podemos voltar nossa atenção para cada um desses elementos em momentos variados e de modos diferentes. Às vezes, podemos trabalhar com todos eles de uma só vez. Os quatro primeiros passos são uma revisão e uma síntese do material que estivemos estudando; os três últimos são abordagens novas.

Passo Um: Gratidão

Estejamos ou não nos sentindo especialmente prósperos neste momento, a verdade é que quase todos nós, na moderna sociedade ocidental, somos enormemente prósperos, não apenas materialmente, mas também em muitos outros sentidos. Basta comparar nossa vida com a luta pela sobrevivência e pela subsistência que a maioria dos seres humanos na história teve de travar, e que a maioria das pessoas no mundo de hoje ainda está travando, para compreender o quanto somos afortunados. Muitos de nós vivemos em melhores condições do que viviam reis e rainhas há poucos séculos.

Quaisquer que sejam nossas dificuldades e nossos desafios individuais, é importante parar de vez em quando e pensar sobre tudo o que temos, em todos os níveis. Precisamos, literalmente, "contar nossas bênçãos", agradecer por elas, desfrutá-las e saborear a experiência de prosperidade que já conquistamos.

Um modo simples de fazer isso é escrever uma lista de tudo aquilo que faz parte de sua vida, que você valoriza e pelo que se sente agradecido. Faça isso num caderno e acrescente novos itens sempre que se lembrar de algo ou sempre que alguma coisa boa acontecer. Você pode destinar páginas ou seções diferentes para cada área de sua vida, como família, relacionamentos, trabalho e assim por diante.

Ao acordar pela manhã, ou antes de se deitar à noite, enquanto se aninha prazerosamente em sua cama, dedique um ou dois minutos para se lembrar de tudo de que você gosta em sua vida. Se alguma coisa o preocupa, não a rejeite. Reconheça esse sentimento também e simplesmente deixe-o aí, junto com seus sentimentos de gratidão pelo que *está* indo bem. Talvez você não possa fazer isso todos os dias, mas lembrar-se de praticá-lo com a freqüência que for possível ajuda-lo-á a expandir enormemente sua experiência de prosperidade e a criar espaço para muito mais.

PASSO DOIS: CONSCIÊNCIA

Adote também a prática de expressar, tão freqüentemente quanto possível, seu agradecimento às pessoas que intensificam sua experiência de prosperidade de muitas e diferentes maneiras. Com palavras e ações, diga-lhes o quanto elas significam para você.

PASSO DOIS: CONSCIÊNCIA

Todos temos certas idéias, atitudes, crenças básicas e padrões emocionais que limitam nossa experiência de prosperidade. Sentimentos profundos de desmerecimento, uma sensação de escassez, medo do fracasso ou do sucesso, sentimentos e crenças conflitantes com relação ao dinheiro, e muitos outros aspectos podem bloquear nosso crescimento e realização.

Além disso, como já analisamos longamente, todos desenvolvemos determinadas energias e renegamos outras, o que nos tira do equilíbrio e nos deixa despreparados para lidar eficazmente com certos aspectos da vida.

No início, a maioria dessas crenças e padrões é inconsciente; não temos consciência deles realmente; todavia eles controlam a nossa vida. Quando começamos a percebê-los conscientemente, temos condições de escolher de fato como queremos viver.

O despertar da consciência sobre *o que não está funcionando* no modo como vivemos é, de longe, o passo mais decisivo do nosso crescimento, e é também o mais difícil e penoso. Quando percebemos um problema, estamos a caminho de curá-lo. Entretanto, essa cura demora. No entretempo, podemos repetir os mesmos antigos padrões de autodestruição algumas vezes mais.

É difícil fazer isso sem ficar frustrado e crítico em relação a nós mesmos. Precisamos compreender que esse passo de conscientização é importante. Quando você não tem consciência, pode repetir um comportamento indefinidamente, sem tirar nenhum pro-

100 ～ A Conquista da Verdadeira Prosperidade

veito. Quando você adquire uma certa consciência e percebe que está repetindo o mesmo comportamento, você aprende muito. Você realmente sente a dor que isso implica. Então, você se torna capaz de explorar outras maneiras possíveis de lidar com a mesma situação. Em pouco tempo, as coisas começam a mudar. Você não precisa *fazer* nenhuma mudança. Cuide apenas de tomar consciência; a mudança virá como conseqüência.

Passo Três: Cura

Não podemos forçar a mudança, mas podemos apoiar e intensificar o processo de mudança pelo qual estamos passando. No Capítulo Seis, descrevi um modo eficiente de trazer maior equilíbrio e plenitude à nossa vida. Existem, certamente, muitas maneiras de sustentar nossa cura e desenvolvimento. Diferentes instrumentos e técnicas são adequados e úteis de acordo com os momentos de nossa jornada, e certas coisas são úteis para algumas pessoas e não para outras. Eu acho que sabemos intuitivamente o que é adequado para nós num determinado momento e que podemos aprender a confiar e a seguir o nosso sentido interior.

O trabalho de cura precisa ser feito em todos os níveis da nossa existência. Escrevi extensamente sobre isso em *Os Quatro Níveis da Cura*. O livro contém muitas sugestões e exercícios práticos.

Eu gostaria de poder oferecer uma fórmula mágica, simples, para curar a sua vida. Não existe uma maneira rápida e fácil porque, no nível mais profundo, esse é o verdadeiro trabalho da nossa vida. Instrutores e agentes de cura que prometem um "acerto" rápido ou uma maneira fácil de fazê-lo estão enganados ou ansiosos por vender seus produtos. (Eles podem, contudo, oferecer uma peça do quebra-cabeça.) Penso que precisamos render-nos ao fato de que a vida é uma aventura contínua de cura e crescimento, e que devemos aprender a desfrutar a jornada!

Creio também que é muito importante conseguir a ajuda e o apoio das outras pessoas, uma vez que precisamos disso ao longo do caminho. Um bom terapeuta, professor, agente de cura, grupo de apoio, um amigo experiente ou um mentor podem ser um recurso inestimável nesse processo de cura.

PASSO QUATRO: SEGUIR A SUA VERDADE

Todos temos em nós um sentido profundo do que precisamos e do que é adequado e verdadeiro para nós. Para ter acesso a isso, precisamos prestar atenção aos nossos sentimentos e à nossa intuição. Precisamos aprender a ouvir profundamente a nós mesmos e a confiar no que ouvimos. E precisamos nos arriscar a agir com base no que sentimos que é verdadeiro. Mesmo que cometamos erros, precisamos fazer isso para aprender e crescer.

Eis uma maneira simples de aprender a prestar atenção à sua sabedoria interior:

Encontre um lugar agradável e tranqüilo, e providencie para não ser interrompido. Seria ótimo se você pudesse fazer o exercício ao ar livre, desde que o lugar fosse realmente confortável; um lugar silencioso dentro de casa também serve. Sente-se ou deite-se despreocupadamente. Feche os olhos e preste atenção na sua respiração. Respire lenta e profundamente. Sempre que sua mente vaguear, volte lentamente a concentrar-se na respiração e a relaxar o corpo.

Agora desloque sua atenção e o foco da sua energia para o coração ou para a área do abdômen. Imagine que uma parte sua, muito sábia, vive nessa região do corpo e tem uma mensagem para você nesse exato instante. Pergunte qual é a mensagem, e então relaxe e preste atenção a todo pensamento, sentimento ou imagem que chegar a você. Retenha o que vier e fique com isso por alguns momentos. Não se preocupe se você não o entender bem. Apenas fique com isso por uns instantes. Pergunte a seu guia interior se você precisa tomar consciência ou ser lembrado de mais alguma coisa. Em seguida, agradeça-lhe. Quando sentir que terminou, abra os olhos. Se quiser, escreva algo sobre a experiência vivida.

Faça essa meditação simples com a freqüência que puder. Seria ótimo fazê-la de manhã bem cedo ou logo antes de dormir. Com alguma prática, você desenvolverá a capacidade de receber e de seguir seu guia interior.

Passo Cinco: Criar uma Visão

Como seria uma vida realmente próspera para você? Onde e como você viveria? Como você se sentiria com relação a si mesmo? O que aconteceria com o seu corpo? Como seriam seus relacionamentos? Que tipo de trabalho ou de expressão criativa você teria? Que outros aspectos do seu estilo de vida você pode imaginar? Como se desenvolveria um dia típico da sua vida? Como você se sentiria no final do dia?

É importante imaginar como você gostaria que as coisas fossem. Nossa imaginação é um instrumento criativo poderoso. O fato de imaginarmos vividamente alguma coisa muitas vezes faz com que se abram as portas para manifestá-la.

Lembre-se de que nenhum de nós existe num vácuo. Somos profundamente afetados pelo mundo que nos cerca, e também exercemos uma influência igualmente intensa sobre o mundo, quer percebamos isso ou não. Somos uma parte integrante do todo. Só podemos ter uma vida verdadeiramente próspera na medida em que o nosso *mundo* for próspero. E o nosso mundo só poderá ser verdadeiramente próspero quando aprendermos a respeitar a Terra onde vivemos e todos os outros seres — os humanos e os demais — que também vivem aqui.

Nós, que temos a felicidade de viver em circunstâncias que nos propiciam a busca do crescimento pessoal, temos a responsabilidade de usar o que aprendemos para tornar o mundo um lugar mais saudável e mais próspero para todos.

Como somos todos parte de uma única consciência, a maneira mais eficaz para fazer isso é assumir a responsabilidade pela nossa própria cura. Quanto mais conscientes e equilibrados nos tornamos, mais vivemos na integridade e seguimos a nossa verdade, e mais cura proporcionamos ao mundo. Também precisamos perguntar ao nosso guia interior se há ações específicas que precisamos desenvolver para dar nossa contribuição ao mundo.

Crie uma visão de prosperidade para si mesmo e para o mundo, em harmonia com a Terra. Você pode fazer isso em meditação, ou pode fazer a descrição por escrito da sua visão. Outra coisa excelente é retratá-la pictoricamente desenhando-a, pintando-a ou fazendo uma colagem com fotos, cartões, figuras e palavras recortadas de revistas, com elementos retirados da natureza — tudo o que tiver significado para você — colando-os num grande pedaço de papel ou de papelão. Pendure esse quadro numa parede e torne-o o seu mapa do tesouro — cada vez que olhar para ele, você transmitirá energia para a sua visão.

Passo Seis: Estabelecer Metas

Depois de ter a percepção clara da visão que você tem de uma vida verdadeiramente próspera, você pode estabelecer algumas metas específicas. Há momentos na vida em que é útil estabelecer metas, e outros em que é melhor abandonar as metas por algum tempo e apenas observar para onde a vida o leva. Se você fizer uma avaliação interior e a sensação resultante não for satisfatória,

104 ~ A Conquista da Verdadeira Prosperidade

evite momentaneamente esse processo de metas. Se a sensação for estimulante, prazerosa ou proveitosa, siga em frente e tente. Você pode começar criando um caderno especial para suas metas. Pense nos diferentes aspectos de sua vida que são importantes e liste-os. Por exemplo:

Crescimento pessoal
Saúde/Aparência
Relacionamentos
Trabalho/Carreira
Finanças
Casa/Posses
Recreação/Viagens
Expressão Criativa/Interesses Especiais/Serviço

Escreva uma dessas categorias no topo de cada página.

Em seguida, pense em suas metas de longo prazo. Onde você gostaria de estar daqui a cinco ou dez anos, com relação a cada uma dessas áreas? Escreva uma ou duas metas de longo prazo para cada aspecto de sua vida na página apropriada. Se quiser, você pode anotar suas metas na forma de afirmações, no tempo presente, como se elas já fossem uma realidade.*

Retome todo o processo; dessa vez, elabore uma ou duas metas que possam ser alcançadas em um ano, em cada categoria. Procure ser realista para suas metas anuais; castelos no ar só lhe trarão decepções.

Em seguida, repasse cada categoria e escreva de um a três passos razoáveis que você pode dar em direção a cada meta. Escolha alguns desses passos e concretize-os dentro do próximo mês ou um pouco mais.

Apresento abaixo dois exemplos de metas de longo prazo, de curto prazo e de passos para a ação:

---

* Para uma melhor compreensão das afirmações, consulte meu livro *Visualização Criativa*.

Trabalho/Carreira

Meta de longo prazo: Tornar-me um terapeuta familiar.

Meta para um ano: Voltar à universidade e completar o mestrado.

Passos para a ação:

1. Telefonar para universidades da região e pedir-lhes que me remetam informações e formulários de requerimento.

2. Ler o material recebido e decidir pelas escolas que mais me interessam.

3. Preencher e enviar o requerimento.

Expressão Criativa

Meta de longo prazo: Aprender a tocar piano.

Meta para um ano: Receber aulas de piano.

Passos para a ação:

1. Informar-me com amigos músicos sobre possíveis professores.

2. Telefonar para uma loja de piano para obter informações sobre aluguel de piano.

Depois de elaborar suas metas, deixe-as de lado por algum tempo. Revise-as esporadicamente e atualize-as, se for necessário. Parabenize-se pelos passos dados e pelo progresso obtido.

As metas nos ajudam a ter clareza, inspiração e determinação. Entretanto, elas também podem trabalhar contra nós se nos agarrarmos a elas ou se nos esforçarmos demais para realizá-las. Procure deixar de lado seu desejo de que elas se realizem num determinado tempo ou de uma certa maneira. Não se preocupe com o modo de realizá-las; deixe que o poder criativo superior cuide dos detalhes.

Seja flexível com suas metas, deixando que mudem e evoluam de acordo com a mudança e a evolução por que você passa. Você pode descobrir que algumas coisas acontecem como você esperava, enquanto outras, não. Você também pode descobrir que sua vida como um todo está tomando uma direção diferente daquela que você imaginava. Lembre-se de que nossa alma tem nesta vida um propósito, que ainda não podemos compreender totalmente, e que tudo o que acontece conosco faz parte da jornada de nossa alma.

Aprenda com tudo o que fizer parte do seu caminho. Continue a seguir sua intuição. Se uma meta for apropriada para você, ela se desenvolverá naturalmente a partir desse processo. Deixe que o seu guia interior lhe mostre o caminho.

Passo Sete: Compartilhe Seus Dons

À medida que for seguindo esses passos, você se surpreenderá expressando e desenvolvendo naturalmente os talentos e as habilidades especiais que trouxe para esta vida. Quando você segue seu coração e está comprometido com sua cura e seu crescimento, você simplesmente não pode evitar de se tornar cada vez mais quem você está destinado a ser!

Muitas vezes temos dificuldade para reconhecer e valorizar nossos próprios talentos porque os consideramos tão naturais que nos parecem de pouco valor. As coisas para as quais somos atraídos, as coisas que não podemos evitar fazer são indicações importantes daquilo que estamos aqui para fazer. As coisas pelas quais nos apaixonamos são sinais do nosso propósito na vida.

Pergunte a si mesmo: "O que eu gosto de fazer? O que me descubro fazendo naturalmente?" Por exemplo, eu simplesmente não consigo evitar falar sobre crescimento consciente. Sou fascinada por esse processo e tenho paixão em partilhá-lo com as outras pessoas. À medida que as coisas foram se desenvolvendo, acabei ensinando e escrevendo sobre crescimento pessoal como um meio de vida. Eu não planejei esse desfecho e nem poderia tê-lo previsto. Tudo foi evoluindo à medida que eu seguia meus interesses e desejos.

Se não estamos bloqueados na nossa capacidade de lograr êxito ou de receber, a vida sempre nos recompensa adequadamente por aquilo que damos. Respondendo ao que nos chama, desenvolvemos o meio de vida mais adequado para nós. Na essência, o universo nos paga para sermos nós mesmos o mais plenamente possível!

A oportunidade de partilhar nossos dons e, por isso, de fazer uma diferença no mundo, é uma das experiências mais profundamente realizadoras que podemos ter na vida e um componente essencial para criar a verdadeira prosperidade. Vivendo nossa vida com integridade e paixão, manteremos a experiência da prosperidade em expansão.

Capítulo Nove

~

Uma Conversa Com Shakti

Enquanto Shakti e eu trabalhávamos neste livro, tivemos várias conversas interessantes, ocasião em que eu lhe fazia perguntas sobre os tópicos abordados. Achamos que nossos leitores poderiam tirar grande proveito desses diálogos.

— Katherine Dieter, editora

P: Identificar minhas necessidades parece muito simples, mas tenho quarenta anos e ainda não as vejo com clareza. Há muitas coisas envolvidas: mais tempo sozinha, convivência social, dinheiro, tempo livre — coisas que parecem entrar em conflito entre si. Por onde devo começar?

R: Pode ser difícil conhecer quais são as nossas necessidades e definir nossas prioridades. Em geral, precisamos começar prestando atenção.

O que você realmente *almeja?* Pense no que as pessoas sentem quando passam por uma calamidade e perdem tudo. Elas reavaliam imediatamente suas vidas. O que seria mais importante

110 ~ A Conquista da Verdadeira Prosperidade

para você nessa situação? Do que você realmente precisa para o seu bem-estar?

Há muitas vozes interiores dizendo coisas conflitantes porque, como eu disse, a vida está cheia de polaridades. Precisamos ficar sozinhos e ao mesmo tempo precisamos nos relacionar com os outros. Mas você pode descobrir, por exemplo, que muitos relacionamentos são menos importantes do que um contato profundo e regular com algumas poucas pessoas.

Talvez você possa eliminar algumas formas de relacionamento menos satisfatórias, cultivar as que lhe dão mais satisfação e reservar um tempo maior para você mesma.

Compreendo que isso não é fácil. Mas esse é o processo de se tornar cada vez mais perceptiva. Precisamos passar a vida nos perguntando: "O que é realmente importante para mim?", e continuar aprimorando sempre mais a resposta. Nossas necessidades e desejos mudam. À medida que perseguimos certas coisas que consideramos importantes e que, como conseqüência, desenvolvemos certos aspectos de nós mesmos, nossas prioridades podem mudar.

Por exemplo, meu trabalho sempre foi um fator de grande satisfação e realização pessoal. Isso está começando a passar por uma mudança. Já atendi a muitas necessidades e desejos nessa área. Agora sinto que preciso de mais tempo para mim e que quero explorar outras áreas da minha criatividade. Essa necessidade está me levando também a desenvolver novos métodos de trabalho.

P: *Tenho a impressão de que conheço as necessidades da minha família e dos meus amigos, mas não as minhas. Por quê?*

R: Se você se identifica com alguém de que cuida e se dedica a pessoas, você terá maior facilidade para conhecer as necessidades delas do que as suas. Você precisa aprender a desviar parte da atenção que dispensa aos outros e dirigi-la a si mesma.

Isso exige prática, como tudo o que procuramos conhecer a fundo. Quase todos fomos condicionados a não reconhecer nossas necessidades mais profundas. Não aprendemos a ser sensíveis com relação a nós mesmos. Com apoio e prática, você pode aprender a fazer isso.

P: E se eu tiver uma variedade muito grande de aspectos — saúde, dinheiro, relacionamentos? Por onde devo começar?

R: Quando você tem essa variedade de aspectos, isso geralmente significa que algumas questões básicas subjacentes se mostram de várias maneiras diferentes. Identifique essas *questões nucleares* subjacentes com que você se debate, em todos os níveis — emocional, espiritual, físico, mental — e trabalhe com elas. Se você examinar mais a fundo para ver o que de fato acontece sob a superfície, praticamente todo aspecto que você considerar, seja ele referente a dinheiro, relacionamento ou saúde, se reduzirá às mesmas lições de vida de que você precisa para seu crescimento.

P: Você diz que uma parte importante da prosperidade depende do equilíbrio das polaridades — na vida e em nós mesmos. Isso significa que, quanto mais feliz e próspera eu for, mais reviravoltas drásticas devo esperar?

R: Não. É exatamente o contrário. Se você se identifica com um dos lados de uma polaridade, e vive a vida basicamente de acordo com esse lado, mais cedo ou mais tarde a vida poderá forçá-la para o outro lado, para que você comece a explorar e a aceitar a polaridade oposta.

Se você fez um trabalho consciente para perceber e aceitar ambos os lados de uma polaridade, então você já "contém" os dois opostos. É uma posição muito estável. Se você desenvolver os dois aspectos ou, pelo menos, se tiver consciência de ambos e os aceitar, isso lhe dará estabilidade. A probabilidade de você passar pela experiência de um extremo negativo será bem menor.

P: Eu tenho esse medo de ser muito feliz porque então eu também terei de ser triste. Será que algo desagradável vai me acontecer?

R: Se você só quer e só aceita a felicidade na vida, você está totalmente identificada com uma polaridade ao mesmo tempo que nega a outra, provavelmente por causa do medo. Certamente, a vida se manifestará e a forçará a sentir tristeza.

Mas se você aceitar ambas as polaridades, se compreender que a vida humana consiste de momentos de felicidade e de momentos de tristeza, você passará pelos períodos de tristeza, sabendo que depois deles virão períodos de alegria. A plenitude e a satisfação da vida não são eliminadas só porque você está passando por um momento difícil.

P: Hoje tenho menos dinheiro que há cinco anos, mas me sinto mais próspera. Por que acontece isso? É porque hoje tenho menos medo ou porque estou negando? Isso é progresso ou negação?

R: Para mim, é progresso. Isso se ajusta perfeitamente ao fato de que a prosperidade depende menos de nossa situação financeira do que do grau de satisfação de nossas necessidades.

É provável que você tenha evoluído a ponto de estar em contato consigo mesma de várias formas; a conseqüência é que mais necessidades suas estão sendo satisfeitas — não todas, talvez, mas um número maior. Se você está mais sintonizada e alinhada consigo mesma, é irrelevante se a sua situação financeira muda ligeiramente.

P: E se a mudança for mais acentuada e numa direção negativa? Tenho de acordar e pensar no pagamento dos juros, certo?

R: Então, provavelmente, você precisa perguntar a si mesma o que a sua situação financeira pode estar refletindo. Pode ser que você precise dar outro passo em relação à mudança ou à cura.

P: Você poderia falar sobre a resistência? Por exemplo, podemos saber o que é bom para nós, mas mesmo assim não fazemos o que é recomendado. Toda pessoa que tenha tentado um regime ou que tenha adotado algum vício passou por isso.

R: Quando resistimos a algo, é importante perceber a resistência, respeitá-la e descobrir do que se trata. Tendemos a nos aborrecer por nos sentirmos resistentes. Quando resistimos, há uma razão para isso. Mais do que tentar livrar-nos dela, precisamos parar exatamente onde estamos e perceber o que é verdadeiro para nós naquele momento.

Por exemplo: "Alguma parte de mim não quer fazer isso agora, e até me *impede* de fazê-lo. O que é isso, e por que se manifesta dessa maneira?"

Respeite o que a está detendo. Examine a situação diretamente. Ao fazer isso, geralmente você encontra um motivo válido. Quando percebemos uma resistência, quando prestamos atenção a ela e a respeitamos como parte de um todo, as coisas podem começar a mudar.

Talvez você precise observar como você se identifica com as regras, ou com a voz autoritária que está em você. A energia autoritária sempre provoca uma energia de revolta, tanto na nossa psique como nas interações que temos com as outras pessoas.

A resistência é uma reação à insistência. Dentro de você, quem insiste? Se uma parte de você a está forçando a fazer as coisas de

114 ～ A Conquista da Verdadeira Prosperidade

uma certa maneira, isso pode criar uma energia de revolta ou de resistência.

P: Isso tem relação com algum vício?

R: As pessoas com sérios problemas com algum vício quase invariavelmente têm uma voz interior muito autoritária, refletindo normalmente os valores dos pais, da família ou da religião. A energia de revolta se desenvolve como uma reação ao autoritarismo e se alia ao processo vicioso.

O diálogo interior se desenvolve mais ou menos assim:

Voz autoritária: "Você precisa trabalhar duro e ser sempre muito sério e responsável! Você tem de comer só coisas saudáveis e nutritivas! Você tem de ir à igreja todos os domingos! Você tem de ser um pai perfeito para seus filhos! Você precisa alimentar só pensamentos positivos!", etc.

Voz rebelde: "Ah, sim? Acho que vou sair e beber alguma coisa!" (Ou tomar um sorvete ou qualquer outra coisa.)

O comportamento vicioso inibe e silencia temporariamente a voz autoritária. Entretanto, na manhã seguinte ela está de volta, mais forte do que antes:

Voz autoritária: "Bem, tenho de dizer que você realmente passou dos limites a noite passada! Agora você terá de trabalhar o dobro para ser uma pessoa decente!"

A interação dessas duas energias vai se repetindo incessantemente, até que a pessoa tome consciência disso e faça escolhas mais apropriadas.

P: "Isso não basta" é a minha expressão característica. A única forma que conheço de lidar com esse sentimento persistente é fazer uma afirmação contrária. Há alguma outra coisa que eu possa fazer?

R: As afirmações são sempre úteis, mas entrar em contato e trabalhar com a parte de você que tem essa atitude é ainda mais proveitoso.

Muito provavelmente sua criança interior está se sentindo inadequada e imperfeita. Todos temos uma criança ferida que precisamos aceitar conscientemente e trabalhar com ela. Como você pode ajudá-la, a criança que se sente tão mal com relação a si mesma? Como você pode reunir parte de suas forças para apoiar essa outra parte em vez de atropelá-la ou fingir que ela não existe? Talvez você precise receber ajuda de um terapeuta ou de um grupo de apoio para aprender a fazer isso. Este é um processo lento, que exige tempo, mas que sem dúvida está relacionado com a sua capacidade de vivenciar a prosperidade.

P: *É possível não se estar de acordo com um padrão?*

R: Sim, temos momentos de consciência real, o que significa que por alguns breves momentos podemos ficar livres de nossos padrões inconscientes. Mas logo voltamos a eles. Nós subimos à superfície para um momento ou para um dia de claridade. Mesmo que não tenhamos nos dedicado conscientemente ao nosso crescimento pessoal, o simples fato de envelhecer e de amadurecer em geral nos torna mais perceptivos e conscientes com relação aos nossos padrões. Somos capazes de abandonar as coisas que não trabalham a nosso favor e de fazer outras que funcionam melhor. Se nos dedicamos e nos comprometemos com o nosso crescimento pessoal, nossa consciência aumenta à medida que percorremos o caminho da vida. Ela pode melhorar cada vez mais à medida que vamos envelhecendo. E ela melhora mesmo.

P: *Acho difícil imaginar alguém trabalhando para se tornar mais vulnerável. Para mim, ser vulnerável significa ser magoado. Uma pessoa pode de fato se curar a ponto de* querer *ser vulnerável? O que isso implica?*

R: Sim, você pode querer ser vulnerável. Precisamos ser — porque *somos*. A vulnerabilidade faz parte da experiência humana. *Podemos* ser magoados. O paradoxo está em que você só pode se sentir profundamente amada e aceita pelo que é se você puder mostrar sua vulnerabilidade e sentir que ela é aceita.

Ter a força e o suporte interiores para cuidar de si mesma lhe dá condições de reconhecer a sua vulnerabilidade. Isso não significa que você nunca será magoada, porque todos somos magoados na vida. Se, porém, você tiver força e estiver comprometida consigo mesma, você não deixará que a magoem. Se você sabe que uma situação é ameaçadora ou prejudicial, você fará o que for preciso para se cuidar da melhor maneira possível. Assim, de certo modo, você limita a sua vulnerabilidade. Você não se lança no mundo deixando que todos pisem em você. Trata-se de uma vulnerabilidade com a devida proteção e força para dar-lhe o apoio necessário.

P: *Recentemente, assisti a uma de suas palestras sobre prosperidade, e quando você disse que nem todos estão destinados a ter muito dinheiro, observei que uma onda de decepção percorreu a sala. (Eu sei que fiquei desapontada, pois já havia escolhido um novo iate.) Como você responde a essa reação?*

R: Acredito que, num nível profundo, isso é uma escolha. Não foi um Deus distante que decidiu: "Muito bem, você vai ser rico e você vai ser pobre e condenado à pobreza para sempre. Agora, vejam o que podem fazer!"

Acho que nossa alma escolhe o tipo de processo de aprendizagem que ela quer nesta vida, ou o que precisamos para o nosso desenvolvimento como seres humanos. Creio que todos somos desafiados a encontrar a verdadeira prosperidade nas circunstâncias específicas que criamos em nossa vida.

P: Recuso-me a acreditar que a jornada de minha alma inclua passar a vida sem dinheiro. O fato de eu usar a expressão "eu me recuso" com uma carga emocional tão alta significa que eu tenho dentro de mim uma energia ou um aspecto que eu renego?

R: Pode muito bem ser que isso aconteça, porque uma carga emocional normalmente denuncia a presença de uma energia oculta renegada. Você pode estar renegando a parte de você que se sentiria feliz com muito pouco — o asceta que está em você.

Uma parte de você também pode concluir: "Se eu não tiver muito dinheiro, não conseguirei satisfazer minhas necessidades."

Isso é como ser condenada à infelicidade pelo resto da vida. E se você *pudesse* ser feliz vivendo uma vida simples, apenas com o dinheiro necessário para fazer as coisas que você realmente quer fazer, e sentir-se realizada com essa vida? Haveria necessidade de grandes somas de dinheiro?

P: Acostumei-me a dar força emocional às coisas nos momentos de necessidade e a pensar que o dinheiro sempre vai aparecer. Você conhece aquela voz que diz, "Não vou conseguir viver com os meios de que disponho?" (É como Scarlet O'Hara no filme E o Vento Levou*: "Jamais passarei fome novamente!") Como se pode domar essa Scarlet O'Hara com um Mastercard?*

R: Estamos novamente falando da energia da rebeldia. Os cartões de crédito são muito enganosos, e eu recomendo às pessoas que sejam extremamente cautelosas. Se você sentir alguma tendência a sabotar a si mesma, à rebeldia ou ao exagero, talvez seja melhor não usá-los. Mesmo pessoas extremamente sensatas e responsáveis ficam surpresas com a rapidez com que o saldo devedor cresce e têm dificuldade de liquidá-lo. Os cartões de crédito alimentam aquelas partes nossas que não querem reconhecer limites.

P: Sempre esperei viver bem, melhor do que meus pais, e isso não está acontecendo. Alguma idéia?

R: É possível que você esteja identificada com um aspecto de si mesma que diz o seguinte: "Se você é uma pessoa de sucesso, você tem de conseguir *essa* quantia de dinheiro; você tem de ganhar mais do que seus pais porque espera-se que o seu padrão de vida melhore."

Você pode ter negado ou renegado uma parte de você que diz mais ou menos isto: "Não me importo em ter muito dinheiro e também não me importo em ter uma carreira de muito sucesso. Está ótimo para mim morar num lugar agradável, fazer o que gosto, estar cercada de pessoas que me amam e usufruir o tempo de que disponho."

Certamente, outra possibilidade é você estar, inconscientemente, bloqueando sua capacidade de ganhar mais dinheiro, por medo do poder, do sucesso ou da rebeldia.

P: Como posso me planejar financeiramente com uma renda instável?

R: A minha renda é e sempre foi irregular. Faço o possível para avaliar o que acho que vai acontecer. Projeto alguns meses ou um ano à frente, mês a mês, baseada no número de seminários programados, nos meus direitos autorais, e assim por diante. Procuro fazer uma projeção bastante cautelosa, de modo a não ter nenhuma surpresa desagradável. Com a prática, você aprende a fazer estimativas bastante precisas.

A partir daí, basta que você reavalie essas projeções. É muito importante você observar quanto gasta. O que descobri com relação ao orçamento é que, quando você conhece quais os gastos que terá de fazer, de alguma maneira você cria o rendimento para cobrir essas necessidades. Essa é a minha experiência, que, aliás, vi acontecer repetidamente também com outras pessoas.

P: O orçamento não limita a idéia de prosperidade? Não seria melhor usar o tempo visualizando uma renda maior?

R: Não, porque, quando você faz um orçamento, você cria um plano daquilo que necessita. Com isso o universo se manifesta e realiza esse plano. Eu acho que o resultado é melhor quando você assume a responsabilidade consciente pelo processo, descobre o que precisa e *então* visualiza os rendimentos que quer. Depois disso, basta continuar expandindo sua visão um pouco por vez.

A maioria das pessoas acha que o orçamento lhes diz o que elas *não podem* gastar. Um bom orçamento é equilibrado; ele deixa espaço para algumas coisas que você quer e também para coisas de que você precisa. Talvez você não possa gastar tanto quanto gostaria neste exato momento, mas com um pouco de paciência sua prosperidade financeira aumentará.

P: Receio que quanto mais equilibrada eu me tornar, mais enfadonha e pouco interessante serei. Alguma sugestão?

R: Isso se refere à imagem que você faz de uma pessoa equilibrada. Ser equilibrada não significa necessariamente que você deva estar sempre no meio. Na verdade, significa trabalhar com todo um conjunto de energias. Significa mover-se conscientemente entre extremos, o que lhe dá uma enorme liberdade e muitas opções.

Com consciência, você começa a ter alguma escolha sobre quais partes suas devem se manifestar, e quando. Todas têm seu lugar e há espaço para todas. Quando você assume a responsabi-

120 ~ A Conquista da Verdadeira Prosperidade

lidade por todos os aspectos de você mesma e se sente à vontade com eles, você passa a dispor de uma enorme quantidade de energias com as quais pode trabalhar, e pode, inclusive, ir de um extremo ao outro. Você pode aceitar e expressar sua mulher selvagem, sua Afrodite, seu lado hedonista, asceta, sua criança e muitas outras.

Desse lugar, você pode expressar e experimentar toda a amplitude do seu ser, de acordo com o que for mais apropriado no momento. O importante é que' você passa a escolher, em vez de apenas deixar que as coisas aconteçam.

P: O que mais interrompe a minha experiência de prosperidade é o medo. É verdade que o medo nos persegue até que façamos aquilo de que mais temos medo? Já pensei em saltar de um avião para me livrar do meu grande medo de altura.

R: Você precisa conhecer o seu medo e trabalhar com ele. Não acredito que seja uma boa idéia enfrentar o seu medo e forçar-se a fazer coisas das quais você tem pavor. É mais adequado observar o seu medo, estar com ele, respeitá-lo e apoiá-lo, e então avaliar que passo você pode dar para curá-lo.

Trato o medo em mim como uma criança assustada. Qual é a melhor maneira de lidar com uma criança assustada? Se você tem em si uma criança com medo de altura, você a jogaria de um avião?

Não, essa não é a melhor maneira de conduzir uma situação assim. O mais apropriado seria sentar-se e conversar com a criança, de uma forma delicada e amorosa, deixando que ela diga tudo o que está acontecendo com ela.

Talvez uma voz forte, agressiva, esteja dizendo: "Vamos, é isso que você tem de fazer."

Esse tipo de pressão quase garante que a polaridade oposta — a energia vulnerável da criança — venha à tona: "Mas eu estou muito assustada; não quero fazer isso."

Tente dizer à criança: "Vejamos! Se *quiséssemos* fazer isso, o que poderíamos fazer para você não sentir tanto medo?"

Por esse processo, você começa a reunir suas energias em *apoio* ao aspecto de você mesma que tem medo e é vulnerável. Você não o pressiona nem o nega: "Oh, é uma tolice você ter medo!", ou: "Vá e faça!"

Muitos de nós temos usado a nossa força para negar, reprimir e punir a nossa vulnerabilidade. Temos de aprender a usar a nossa força para apoiar a nossa vulnerabilidade. Uma criança que se sente ouvida, cuidada, apoiada e encorajada perderá cada vez mais o medo.

Podemos dar passos menores, e nosso medo não nos bloqueará na vida. Se não dermos passos maiores do que o nosso medo pode suportar, avançaremos.

P: Você acha que uma pessoa pode desenvolver esse tipo de processo sozinha, ou é preciso contar com um facilitador ou com um terapeuta?

R: Eu acho que ter um bom facilitador ou um terapeuta pode ser muito importante. Quase todos nos tratamos como nossos pais ou como outras pessoas importantes de nossa infância nos trataram. Sob vários aspectos, a terapia toma o lugar dos pais. É como estar com alguém que lhe mostra como fazer as coisas de modo diferente. Depois de adquirir certa experiência com um facilitador — a experiência de alguém estranho que a apóia — será mais fácil você agir por si mesma.

P: "Equilibrar polaridades" me faz pensar que eu preciso me forçar a fazer coisas que não quero fazer. Isso é um equívoco?

R: Sim, é um equívoco. Você não precisa se forçar a fazer coisas que não quer fazer. De vez em quando, você pode exigir um

122 ～ A Conquista da Verdadeira Prosperidade

pouco mais de você numa direção que seja mais difícil ou desafiadora para você, mas a sensação não deve ser a de forçar-se. Se for assim, pare. A sensação deve ser de tentativa e de pesquisa, como de alguma coisa que você quer fazer, mas em relação à qual se sente insegura. É espichar, não forçar. A vida tem sua maneira de nos fazer avançar seja qual for o rumo que precisamos tomar.

P: *Você se sente mais segura depois de ter-se tornado uma escritora e professora de sucesso?*

R: A segurança nunca foi um problema maior para mim, talvez por ter sido criada por uma mãe forte e ousada.

Mas é claro que eu confio mais em mim agora, porque provei a mim mesma que posso ter sucesso no mundo. Tenho uma trajetória de contribuição, de fazer bem-feito, de ser reconhecida pelo mundo e de extrair disso um padrão de vida melhor.

Sinto mais insegurança na área emocional dos relacionamentos. É aí que tenho maiores dificuldades. Mas nessa área também me sinto mais segura agora do que antes.

P: *Existe uma parte de você, um eu renegado talvez, que pensa que tomar consciência é tolice, que isto não é algo sobre o qual os seres humanos tenham controle, mas, antes, algo que lhes acontece?*

R: Eu diria o seguinte: Tenho uma voz cética muito saudável. Ela não é renegada, em absoluto, podendo até ser um dos meus eus primários. Quando comecei a me interessar por crescimento pessoal, precisei testar tudo, em termos práticos, para ver os resultados. Depois de anos fazendo esse trabalho, tenho como certo que assumir um compromisso com o nosso crescimento consciente nos torna aptos a realizar grandes mudanças em nossa vida. E, naturalmente, tenho visto como a minha própria vida evoluiu como resultado da adoção desses princípios. Todavia, ainda preciso testar novas idéias e convencer-me delas.

P: Você teria algum comentário a fazer sobre a comercialização da espiritualidade?

R: Essa pergunta parece ter origem na visão transcendental tradicional de que dinheiro e espírito se opõem. Essa visão sustenta que o dinheiro representa algo não espiritual, e que a espiritualidade não deve ser contaminada pelo dinheiro. Se você compreende que o dinheiro é um símbolo para a energia da vida, não há nada de errado em pagar a alguém uma quantia apropriada para obter uma informação, uma orientação proveitosa.

Se há instrutores que oferecem falsas promessas às pessoas com o objetivo de ganhar dinheiro, eles simplesmente não são íntegros. Quer você ofereça um carro usado ou dez passos para a iluminação, se a sua oferta incluir informações enganosas, você não será íntegra.

P: Por que tenho tanta riqueza enquanto outros têm tão pouco? O que me faz mais "merecedora"?

R: Em primeiro lugar, você pode estar supondo que existe uma quantidade finita. Você acha que, se o seu pedaço do bolo aumentar, outras pessoas terão um pedaço menor. Mas o dinheiro é um reflexo da energia e existe energia de vida em abundância. Todos podemos aprender a viver mais no fluxo, deixando que mais energia tome conta de nós e de nossa vida.

Por outro lado, há uma quantidade finita de recursos físicos no mundo, e por isso precisamos estar conscientes de como usamos esses recursos. Criamos uma situação de desequilíbrio, em que uns poucos estão consumindo muito dos recursos mundiais.

Podemos ter tanta energia fluindo na nossa vida em forma de

dinheiro quanto o universo considera adequado, mas eu realmente penso que precisamos estar conscientes do modo como viver na Terra, e não consumir seus recursos, que não são infinitos.

Se você tem mais dinheiro do que pensa "merecer", use-o para dar sua contribuição à vida. Use essa energia, use esses recursos para fazer o que você se sente motivada a fazer. Isso mostrará aos outros que não existe nenhum problema em possuir essa energia e poder. Eu falo bastante sobre isso nos meus dois livros, *Visualização Criativa* e *Vivendo na Luz*. Isso se resume no fato de que, se você seguir o seu coração, a sua alma e o seu verdadeiro desejo, o dinheiro virá até você de uma forma que não seja prejudicial nem a você nem a outras pessoas.

P: Livros recentes sobre prosperidade falam em fazer o que lhe agrada e em ter um trabalho prazeroso e estimulante, mas nada é prazeroso e estimulante o tempo todo, não é?

R: Nada que eu conheça é divertido e emocionante o tempo todo; tudo tem seus momentos difíceis, seus desafios, seus problemas e suas frustrações. Quando você faz aquilo de que gosta, ou o que é apropriado para você, isso pode ser estimulante e agradável.

"Fazer o que lhe agrada" é uma frase muito bonita, mas ela dá a entender que você deveria estar satisfeita o tempo todo. Eu não creio que seja assim, e não conheço ninguém que viva a vida dessa maneira. Por mais que as pessoas gostem do que fazem, não existe satisfação o tempo todo.

Acredito que quando seguimos o que realmente nos estimula, aquilo para o qual de fato temos energia, sentimos um alto grau de envolvimento, de fascinação, de realização, e certamente também de diversão!

P: Cresci com a idéia de que, se alguma coisa é divertida, isso não é trabalho, e que temos de ser pagos de acordo com a dificuldade.

R: Não creio que o trabalho seja sempre *apenas* diversão. Mas é possível ser bem paga para fazer coisas de que você goste muito. Comigo acontece isso. Por mais que o meu trabalho seja divertido, às vezes ele é também um problema. Mas grande parte do que faço provém diretamente do meu coração e da minha alma e me dá realmente um grande prazer.

P: *Por que o Budismo nos diz que o desejo é a raiz de todo o sofrimento e que a liberdade está em abandonar nossos apegos, enquanto você diz para confiar e seguir nossos desejos?*

R: Tenho ouvido muitas traduções e interpretações diferentes desse ensinamento. Não tenho certeza com relação ao que Buda tinha em mente, mas eu gostaria de pensar que talvez ele estivesse se referindo aos falsos anseios que sentimos quando perdemos a ligação com o nosso coração e com a nossa alma. Entretanto, tenho observado que o modo como muitas pessoas tentam aplicar esse ensinamento leva à negação das necessidades e dos sentimentos humanos, e a uma constante batalha interior consigo mesmas. Mais do que lutar para nos *libertar* da nossa experiência humana, parece-me que é mais adequado reconhecer que, como seres espirituais, nós *escolhemos* esse tipo de experiência humana. Meu caminho é aceitá-la, respeitá-la, pesquisá-la, aprender com ela e usufruí-la tanto quanto me seja possível.

CAPÍTULO DEZ

~

HISTÓRIAS DE PROSPERIDADE

Seguem-se várias histórias reais que abordam aspectos diversos da prosperidade. Algumas delas podem levá-lo a pensar; outras podem inspirá-lo.

~

Esta é a história de minha querida amiga Manuela Terra-Luna, uma mulher sensata e muito bonita que vive uma vida de prosperidade simples e profunda.

Basicamente, Manuela leva uma vida de cigana. Ela nunca se envolveu com responsabilidades financeiras maiores, e por isso está livre para seguir seu coração e mudar completamente de vida sempre que se sente levada a isso. Desde que a conheço, observei que ela sempre tem exatamente a quantidade de dinheiro de que precisa para dar o passo seguinte — nem mais nem menos.

Para mim, ela é um exemplo da liberdade e da prosperidade que podem nos envolver quando trabalhamos interiormente para nos conhecer em profundidade e quando mantemos nossas necessidades simples de modo a podermos seguir a orientação da nossa intuição.

128 ～ A Conquista da Verdadeira Prosperidade

Prosperidade Simples

Manuela nasceu na Itália durante a Segunda Guerra Mundial, com bombas explodindo por todos os lados. Sua mãe morreu quando Manuela tinha três anos de idade, e ela cresceu num orfanato dirigido por freiras. Sua infância foi incrivelmente disciplinada e privada de calor e afeto. Assim que chegou à idade de deixar o orfanato, ela conseguiu um emprego e um apartamento, e pela primeira vez conheceu a liberdade.

Com vinte anos, Manuela veio para os Estados Unidos, apaixonou-se, casou com um americano e teve uma filha. Nos vinte anos seguintes, ela passou por vários empregos e desenvolveu suas muitas habilidades criativas. Entre outras coisas, ela escreveu e interpretou canções em italiano, criou e vendeu belas colagens e estudou as técnicas de filmagem, trabalhando temporariamente como diretora de elenco de filmes e como assistente de Francis Ford Coppola. Ela se dedicou também a um caminho de cura e crescimento pessoal sob a orientação de vários instrutores.

Depois de se divorciar, ela veio morar e trabalhar comigo como minha assistente pessoal. Descobri que ela era uma das pessoas mais conscientes, intuitivas e encantadoras que eu já havia encontrado; ela logo se tornou uma de minhas melhores amigas.

Depois de trabalhar comigo durante alguns anos e de dedicar-se a uma cura emocional profunda por causa do divórcio, Manuela de repente sentiu um forte impulso de voltar à Itália. Isso a surpreendeu, pois ela nunca pretendera viver novamente em seu país natal. Ainda assim, o sentimento era tão forte, que ela partiu, quase sem dinheiro e sem a mínima idéia do que iria fazer por lá.

Embora Manuela tivesse participado de muitos seminários de crescimento pessoal, ela nunca demonstrara interesse em coordená-los. Agora, ela se sentia motivada a oferecer cursos na Itália. À medida que as coisas foram se desenvolvendo, ela obteve muito sucesso viajando por toda a Itália, ensinando e treinando pessoas

HISTÓRIAS DE PROSPERIDADE ~ 129

nas idéias e técnicas que havia estudado. Ela atraiu muitos estudantes dedicados que treinaram com ela durante vários anos, de modo que podiam dar prosseguimento ao trabalho iniciado. Não é necessário dizer que sua presença exercia um efeito muito forte sobre as pessoas.

Depois de cinco anos, e a despeito de seu sucesso e da procura constante pelos seus seminários, ela sentiu intuitivamente que havia terminado essa etapa e que era tempo de voltar aos Estados Unidos. Novamente, ela não fazia idéia de onde iria morar ou do que iria fazer.

Na Itália, ela encontrou e se casou com Luigi, um homem maravilhoso, vinte e seis anos mais jovem do que ela. Mais uma vez ela foi desafiada a seguir o coração, apesar da inusitada diferença de idade. Eles vieram juntos para a ilha de Kaua'i, onde eu tenho uma casa. Manuela logo percebeu que não queria mais ensinar. Em vez disso, ela foi atraída para a jardinagem e para o trabalho com a terra.

Ela e Luigi hoje cuidam de uma bela propriedade. Eles moram num chalé, numa área belíssima localizada no alto de um rochedo que se alteia sobre uma praia encantadora. No momento, ambos estão radiantes e realizados por expressar sua criatividade pelo paisagismo e pela jardinagem. O compromisso mútuo é profundo, constituindo-se num verdadeiro relacionamento de almas gêmeas. Conquanto seu rendimento seja modesto, suas necessidades financeiras são mínimas. Eles vivem no paraíso, estão seguindo o coração e suas vidas são simples e profundamente realizadas. Mal posso esperar para ver o que Manuela fará a seguir!

~

Meu amigo Frank é um ótimo exemplo da prosperidade que podemos ter quando nos arriscamos a desfazer-nos do que não funciona mais e seguimos nossos sonhos.

130 ~ A Conquista da Verdadeira Prosperidade

Correndo o Risco
Contribuição de Frank Kramer

Minha carreira numa grande e respeitada instituição financeira era brilhante e promissora. Meu emprego tinha prestígio, era muito lucrativo e prometia uma segurança financeira para toda a vida. Entretanto, eu não era feliz e estava profundamente incomodado com a qualidade da minha vida. Ocorreu-me que, na verdade, eu não tinha uma vida, mas uma carreira.

O esgotamento causado pelo trabalho estava ficando tão sério — incluindo acessos de depressão — que comecei a procurar alternativas. Como um hábil administrador de pessoas, eu tinha uma excelente formação em planejamento, estratégia e definição de objetivos. Mesmo assim, todos os meus esforços para encontrar uma nova profissão pareciam infrutíferos. Eu não conseguia entrever uma direção. Assim, desisti e fiz exatamente o que eu teria aconselhado qualquer pessoa a não fazer: deixei a empresa sem ter outro emprego em vista.

Divorciado recentemente, e com obrigações substanciais como pensão alimentícia e sustento dos filhos, não posso dizer que agi com sensatez e coragem. A impressão era de desespero. Eu tinha uma vaga idéia do que queria fazer, mas parecia um sonho inatingível.

Os anos seguintes foram mais interessantes e inspiradores do que eu poderia imaginar. Embora estivesse vivendo mês a mês, com incerteza financeira, eu estava tão agradecido por me sentir vivo e em contato comigo mesmo, que não me importava por não ter dinheiro. Comecei a escrever poesia, a descobrir a natureza e a ler livros sobre novas idéias com as quais eu nunca havia deparado — como *Visualização Criativa*.

Estou espantado pela maneira como as coisas foram acontecendo. Eu não poderia ter elaborado uma estratégia mais brilhante do que realmente aconteceu, por puro "acidente".

Sempre fui fascinado pelo modo como as empresas começam, ganham dinheiro e se tornam conhecidas. À medida que passei a conhecer esse ramo, portas que eu sequer imaginava que existissem começaram a se abrir. Meu contador mencionou que estava deixando o emprego para começar uma empresa com alguns sócios e me perguntou se eu podia ajudá-los a levantar dinheiro. Respondi afirmativamente. Fui aprendendo com o passar do tempo, cometi muitos erros, mas nunca me arrependi, nem por um minuto, pela decisão tomada. Depois de alguns anos "pagando contas", alguns negócios começaram a render. Agora me dou ao luxo de trabalhar quando tenho vontade e de fazer o que me dá prazer.

Considero minha habilidade de brincar uma das mais importantes qualificações para o que faço. Criado na Louisiana, eu tinha queda para contar piadas sobre os descendentes dos colonizadores franceses. Um dia, criei um roteiro e me inscrevi num torneio de piadas sobre essas pessoas. Levei o programa para alguns clubes noturnos, e agora me divirto apresentando-o em diversos lugares da cidade. Também escrevo poesia para crianças, publicada em várias revistas e no meu próprio livro. Aqui está uma amostra:

Aposentadoria
Sempre me dizem
que quando eu ficar velho
terei o direito
de me aposentar.
Tenho a certeza de que então,
com meus cento e dez anos,
minhas
exigências serão bastante simples:
um pouco de ar respirável,

uma história para contar e
risos para avivar minha mente,
alguma comida e água
e coisas que eu possa barganhar
por um relógio
que inverta o tempo!

Uma das vantagens de ter estado sem dinheiro, deprimido e com a sensação de fracasso é que tudo isso se torna um território conhecido; o medo do fracasso é muito pior do que o "fracasso" em si. Depois de chegar a um estilo de vida com o qual eu mal sonhava, pude compreender que não existe ponto de chegada; existe apenas uma jornada contínua da vida — cheia de desvios, de contratempos e de voltas e reviravoltas surpreendentes. A jornada é tão fascinante para mim que vale a pena correr riscos.

~

Esta é uma história real de minha própria vida; ela mostra os meios misteriosos que o universo freqüentemente utiliza para satisfazer nossas necessidades e para nos tornar prósperos.

O Furacão Iniki no Resgate

Tenho uma bela propriedade, com uma casa bem espaçosa, na ilha de Kaua'i. Kai Mana praticamente me caiu nas mãos alguns anos atrás por um preço muito bom e quase sem entrada. Comprei-a tendo em mente promover retiros, mas logo enfrentei problemas de zoneamento, e assim ela acabou se transformando numa pousada para onde as pessoas vêm para retiros particulares e para férias.

Eu não me sinto a "proprietária" dessa terra. Para mim, a idéia de que um ser humano, que tem um período de vida de algumas décadas, possa ser dono de um pedaço da Terra, que existe há milhões de anos, é absolutamente arrogante e basicamente risível. Sinto que essa terra me foi dada para que eu cuide dela e a administre. Nela, o ambiente é cheio de energia e de propriedades curativas; sinto que ele deve ser dividido com outras pessoas de maneira adequada.

A hipoteca da propriedade é grande e, por vezes, tem sido um encargo financeiro muito pesado para mim. Entretanto, sinto que isso é algo que eu estava destinada a fazer, e de algum modo eu sempre consegui dar conta da tarefa.

A cozinha e os banheiros da casa estavam em péssimas condições quando eu a comprei, e foram se deteriorando cada vez mais. Alguns anos atrás, ficou claro que se fazia urgente uma reforma considerável. Refinanciei a propriedade e obtive um empréstimo de 60.000 dólares — suficiente para uma boa reforma, embora não de primeira qualidade. Eu sabia que precisaria de alguns meses para me organizar e definir os planos; assim, apliquei o dinheiro num investimento de curto prazo, com um amigo meu, a uma taxa de juros compensadora. Esse amigo era um homem de negócios estável e confiável. Eu já havia investido com ele anteriormente, sem problemas.

Quando chegou o momento de retomar o dinheiro, meu amigo confessou que estava falido e que havia perdido tudo. Eu não tinha apelação; havia simplesmente perdido 60.000, que eu agora devia ao banco. Eu não dispunha mais do dinheiro para a reforma.

Eu estava chocada e completamente perdida com relação ao que fazer. Rezei para compreender por que isso tinha acontecido e o que devia aprender com a experiência. Também pedi orientação sobre os reparos necessários. Em essência, eu disse ao universo: "Muito bem, você me deu este lugar; agora me mostre como devo cuidar dele!" No entretempo, cancelei os planos de reforma e vi minha cozinha se deteriorando na umidade de Kaua'i.

Três meses depois, Kaua'i foi atingida pelo furacão Iniki. Ninguém perdeu a vida, mas a ilha sofreu uma destruição física maciça, e todos ficaram abalados até a alma. Como sempre acontece nessas ocasiões, as pessoas foram obrigadas a reavaliar suas vidas e prioridades. Muitos passaram por uma grande provação, mas o resultado também foi de muita cura, mudança e transformação.

O telhado de nossa casa foi arrancado e voou sobre o penhasco. Pessoas e animais não foram atingidos, mas os danos foram grandes. Como todos em Kaua'i, ficamos sem eletricidade e sem telefones por vários meses.

Finalmente, porém, recebemos o pagamento de um grande seguro. Na reforma da casa, pudemos reconstruí-la muito mais bonita do que era. Se eu não tivesse perdido o dinheiro e tivesse concretizado meus planos originais, a reforma teria sido de uma qualidade inferior, e grande parte dela teria sido prejudicada pelo furacão. Assim, o tempo, a energia e o dinheiro investidos nela teriam sido desperdiçados.

É claro que eu não acredito que tivemos um furacão em Kaua'i apenas para que eu pudesse reformar a minha cozinha! Para mim, entretanto, esse é um exemplo notável de como as coisas com freqüência ocorrem sincronicamente. Ele também demonstra como desastres aparentes — minha perda financeira pessoal e o furacão devastador — podem tornar-se eventos transformadores poderosos que levam a uma maior prosperidade em muitos níveis. Esse é um dos muitos fatos de minha vida em que um poder superior parece estar em ação. Como resultado, vivo hoje numa casa adorável, freqüentada por pessoas de todo o mundo que dela usufruem como um retiro para cura.

~

Esta é uma história real, de colaboração anônima. Como você pode imaginar, desde que ganhou na loteria, "Suzanne" perdeu sua privacidade e ganhou amigos e parentes dos quais nunca ouvira falar.

Suzanne ganhou na Loteria

Minha amiga de infância e eu crescemos em circunstâncias muito semelhantes. Nossas mães trabalharam juntas como garçonetes durante dez anos. Nós nos considerávamos de "classe média". Nossas famílias tinham casa no subúrbio, mas para isso nossos pais tinham de trabalhar em tempo integral, ou mais. Éramos a primeira geração a freqüentar a faculdade, e os que o faziam também trabalhavam durante os anos de estudo. Darei à minha amiga o nome de Suzanne.

Suzanne casou-se logo que terminou o segundo grau e teve um filho. Ela era garçonete desde a adolescência e continuou com essa atividade. Quando o filho estava com uns nove anos de idade, o improvável aconteceu: ela ganhou quase 30 milhões de dólares numa loteria estadual. Sua irmã, uma entusiasta por estatísticas, estimou que as possibilidades de um acontecimento desses eram aproximadamente as mesmas de uma pessoa ser atingida por um raio duas vezes!

Seu marido pareceu beneficiar-se tremendamente. Logo sua saúde e sua aparência melhoraram. Ele parecia aproveitar realmente a mudança e começou a se sentir verdadeiramente um homem próspero.

Suzanne, porém, considerava essa passagem mais difícil. Desde pequena, o respeito que sentia por si mesma e sua própria identidade se deviam à sua capacidade de fazer muita coisa com muito pouco — a habilidade de economizar para a formação universitária do filho, por exemplo, ou de comprar uma casa com uma renda limitada, economizando centavos e vivendo modestamente. Como ela devia sentir-se nesse novo papel? Quem ela era agora? O que devia fazer com todo aquele dinheiro?

Seus eus primários — da minha perspectiva — eram uma combinação do Trabalhador Incansável, do Dinâmico e do Sobrevivente. Esses "eus" não sabiam como lidar com essa sorte inespera-

136 ～ A Conquista da Verdadeira Prosperidade

da. Ela se sentia culpada, não merecedora e perdida no meio dessa nova abundância financeira. Três anos depois, ela ainda está abrindo seu caminho através desses novos sentimentos e questionamentos. Ela não se queixa da situação, mas sua atual definição de prosperidade tem menos a ver com dinheiro e mais com seu relacionamento consigo mesma, com a família e com o mundo à sua volta.

Todos imaginamos que gostaríamos de passar por esses desafios. Mas isso só serve para mostrar que, como disse alguém certa vez, "Onde quer que você vá, lá você estará".

～

Às Vezes Menos é Mais
Colaboração de Katherine Dieter

Tom nasceu numa pequena cidade ao norte de Minnesota e cresceu numa família escandinava operária na década de 50. Quando terminou o segundo grau e pensou em freqüentar a faculdade, pediu emprestada uma pequena quantia de dinheiro ao seu pai, pelo que ainda hoje se mostra agradecido. Entretanto, como diz Tom, esse dinheiro não veio amarrado com barbantes, e sim com cabos de aço — significando que ele não tinha muita escolha sobre o que iria estudar. Depois de terminada a faculdade (e de pagar imediatamente a seu pai), ele estava determinado a agir de modo diferente com os filhos quando eles chegassem. E eles chegaram rápido, quatro ao todo.

Em muito pouco tempo, cerca de dez anos, ele consolidou uma firma de contabilidade de grande sucesso; ele chegou a ter um jatinho particular, um sonho de infância. Conquanto representasse alguns dos artistas de maior sucesso dos anos 60 e 70, ele começou a se sentir vagamente insatisfeito. Ele havia conseguido, em termos materiais, tudo o que se poderia imaginar — uma propriedade imponente, vários carros, seu jato — mas sua vida pessoal não o satisfazia.

Ele não tinha para a família a energia que esperara ter. Seus filhos cresciam rapidamente e ele sentia que estava sacrificando seu relacionamento com eles para adquirir mais "coisas". Ele sentia entre si e os filhos a mesma distância que o separava do seu próprio pai. A única diferença é que Tom tinha escolha. Seu pai tivera de passar quase todo o seu tempo longe da família para sustentá-la.

Quando compreendeu isso, Tom fez mudanças drásticas, sendo a primeira a venda do jato. Se esse fosse realmente importante, ele o teria conservado, mas Tom descobriu que sua importância tinha diminuído, junto com a importância de todas as suas outras posses. Reorganizou suas prioridades, reduziu seu envolvimento nos negócios e reservou mais tempo para passar com a mulher e os filhos. Começou a se dedicar aos aspectos do negócio que lhe davam mais prazer, desligou-se dos clientes com os quais não gostava de trabalhar, vendeu seu sítio e passou a desenvolver um relacionamento com os filhos como realmente desejara.

Não é de surpreender, seu negócio continuou prosperando. Tom escolhera com cuidado seus colaboradores e o negócio floresceu nos dez anos seguintes. Quando chegou o tempo de seu filho iniciar a faculdade, ele teve o apoio sincero do pai, que o conhecia bem. Na hora de pagar as taxas escolares, ele o fez sem prendê-las com cabos de aço. A capacidade de fazer isso era mais importante para Tom do que o dinheiro em si.

～

Um Sonho de Mudança de Vida
Colaboração de Marc Allen

Atingi a maturidade na turbulenta e maravilhosa década de 1960. Procurei viver toda a faixa dos meus vinte anos sem me

138 ~ A Conquista da Verdadeira Prosperidade

preocupar absolutamente em ganhar a vida e sem nem mesmo prestar atenção ao "plano material da existência". Isso me ensinou pelo menos duas coisas: (1) De um modo ou de outro, o universo nos provê, como que por um passe de mágica, se fazemos o que gostamos de fazer, mas (2) Se não cuidarmos de nós mesmos, acabaremos vivendo à custa de outras pessoas. Vivemos num sistema capitalista e precisamos de algum dinheiro para agir no mundo. Esse fato não pode ser ignorado, pois todos somos obrigados a encará-lo de uma maneira ou de outra.

Quando eu tinha trinta anos, Shakti e eu começamos um pequeno negócio para publicar nossos livros e fitas. Nos primeiros anos, gastamos muito mais do que ganhamos.

Pensando nisso, descobri que parte do problema eram as muitas crenças negativas que eu tinha com relação ao dinheiro em geral e ao sucesso empresarial em particular. Eu temia que, se tivesse sucesso, poderia perder minha alma, não seria mais uma pessoa preocupada com as coisas do espírito, ficaria estafado, ganancioso e consumido pelo materialismo, mudaria completamente de direção e esqueceria meu propósito de vida. Então, uma noite eu tive um sonho:

Eu estava escalando uma montanha com afloramentos rochosos; era uma escalada difícil. Então deparei com uma estrada que subia a montanha mais gradualmente, mas que tornava a caminhada mais fácil. Vi uma caverna que se aprofundava na montanha, mas com a entrada obstruída por um portão de ferro trabalhado. Tateei com os dedos o ferro entrelaçado no centro do portão e puxei uma espada com um cabo de ferro, também trabalhado. Então o portão se abriu! Entrei na caverna escura. Eu estava assustado, mas tinha a espada para me defender.

Depois de atravessar um túnel escuro, entrei numa sala com uma enorme abóbada, semelhante à de uma catedral. Uma enorme mesa de banquete estava à minha frente, repleta de todos os tipos de coisas: ouro, pilhas de dinheiro, jóias, instrumentos musi-

HISTÓRIAS DE PROSPERIDADE ～ 139

cais, flores, pequenas casas, pequenos carros, livros, fitas, cande-
labros, comida — pilhas e pilhas de coisas. E uma voz, sem palavras, me disse: *Este é o plano material. Não há nada a rejeitar
nele. Ele está aí para que você o desfrute — e o domine. Divirta-se!*
Acordei com uma profunda sensação de paz e alegria. Esse
sonho valia por anos de terapia. Não há nada a rejeitar; só há bele-
za e maravilha em tudo o que a vida oferece. Ganhar dinheiro não
o transforma automaticamente num monstro. Ganhar dinheiro lhe
dá um instrumento poderoso para fazer o bem no mundo, lhe dá
o poder de fazer a diferença e o poder de realizar seus sonhos.

Depois desse sonho, meus negócios prosperaram. Eu não estava mais trabalhando contra mim mesmo, consciente ou inconscientemente.

～

Círculo Completo
Colaboração de Becky Benenate

Perdi meu pai quando eu era muito jovem. Minha mãe, que
não completara o segundo grau, não tinha condições de criar quatro filhos sozinha. Ela sabia que precisava voltar a estudar se qui-
sesse ter algum futuro, e tomou a difícil decisão de mandar três
dos seus quatro filhos para lares adotivos. Eu fui uma das três. Dos
onze aos dezessete anos, vivi em cinco casas diferentes — nenhuma delas promotora da auto-estima. Eu estava emocionalmente
perdida, sem nenhuma base religiosa ou espiritual. Eu freqüentemente devaneava pensando nos tempos felizes quando minha
família estava reunida — mamãe, papai, minhas duas irmãs e meu
irmão.

A idéia de me casar, de criar minha própria família e dar a ela
tudo o que eu perdi na infância — segurança, amor, confiança,
comprometimento — tornou-se uma obsessão para mim. Eu sabia
que a *minha* família seria perfeita e que ninguém a tiraria de mim!

140 ~ A Conquista da Verdadeira Prosperidade

Casei-me com vinte e três anos. Minha filha nasceu três anos depois. Quando minha filha tinha pouco mais de um ano, meu marido e eu compramos o Sonho Americano — uma casa com quatro quartos, dois banheiros e todas as comodidades. Eu tinha tudo o que pensava que sempre quisera. Por que, então, eu me sentia tão angustiada? Se eu tinha tudo o que queria, por que não me sentia feliz e próspera? Essas perguntas me levaram a um caminho de autodescoberta e de aperfeiçoamento pessoal.

Comecei a ler tudo o que caía em minhas mãos sobre crescimento pessoal. Meus dois livros preferidos eram e continuam sendo *Vivendo na Luz*, de Shakti Gawain, e *The Nature of Personal Reality: A Seth Book*, de Jane Roberts. Esses livros, e muitos outros, me ajudaram muito. Comecei a participar de cursos e de seminários e a praticar meditação e ioga. Senti desenvolver-se em mim uma enorme força interior para continuar no caminho do crescimento pessoal. Eu queria saber quem eu era realmente e o que eu queria na vida. Eu precisava descobrir o propósito da minha vida.

Deixei minha doce família, sem entender muito bem por quê. Desisti do meu lar e dos bens que havíamos adquirido como família. Parti sem nada. Fui para um lugar a quase 600 quilômetros de distância para compreender quem eu era e o que devia fazer. Eu não tinha família nem amigos. Simplesmente me mudei porque essa parecia a coisa certa naquele momento. Eu não tinha contatos na comunidade e o país passava por uma recessão, o que tornava difícil encontrar trabalho.

Dezoito meses se passaram e eu ainda estava sem trabalho. Durante esse tempo, vivi com cartões de crédito. Eu pagava o aluguel, a comida, as prestações do carro, o seguro de vida, tudo o que se pode imaginar para a sobrevivência diária com cartões de crédito. De repente, eu estava devendo 45.000 dólares.

Abandonei minha busca do crescimento pessoal, sentindo que eu havia me convencido de algo que simplesmente não era verdade. Talvez o meu ex-marido estivesse certo, talvez eu *tivesse* perdido totalmente o juízo. Mas, precisamente quando comecei a pensar que morreria de depressão, recebi uma oferta de emprego. Até hoje não sei como consegui passar pela entrevista sem parecer desesperada. Talvez eles apenas sentissem pena de mim. Finalmente, as coisas começaram a mudar.

Lentamente, comecei a restabelecer o meu relacionamento com o meu crescimento espiritual e pessoal. Comecei a confiar em meus sentimentos intuitivos novamente. Os livros foram os meus salva-vidas. Comecei a equilibrar minha vida, e finalmente consegui cuidar de minhas necessidades básicas.

Alguns anos depois de conseguir o emprego, senti que era tempo de parar de trabalhar apenas para sobreviver e que era o momento de criar uma posição na área que mais me fascinava. Eu queria me envolver com livros inspiradores, da mesma linha dos que me haviam dado apoio nos meus piores momentos. Eu queria retribuir a todos os autores e editores cujo trabalho havia me ajudado.

Quando penso no que aconteceu, fico espantada com todas as lições que aprendi durante esses tempos difíceis. Finalmente *criei* o trabalho que eu queria como editora, e me sinto abençoada com a oportunidade de ajudar autores como Shakti a criar seus próximos trabalhos — retribuindo aos que deram tanto. Sou abençoada porque encontrei e vivo o propósito da minha vida!

E finalmente, tenho a família que eu sempre quis. O ano passado, meus irmãos e eu nos reunimos pela primeira vez em vinte e três anos. Desenvolver um relacionamento com eles é um processo lento, mas está acontecendo. Meu relacionamento com meu ex-marido é melhor hoje do que quando nos casamos — somos excelentes amigos, com uma compreensão e um respeito mútuos mais profundos. Tenho um relacionamento maravilhoso com minha filha que, agora com doze anos, vem morar comigo. Continuo crescendo pessoal e espiritualmente. E, financeiramente, paguei todas as minhas dívidas e adquiri minha própria casa.

142 ～ A Conquista da Verdadeira Prosperidade

O caminho para a verdadeira prosperidade nem sempre é suave. Criei todas as minhas assim chamadas dificuldades. Mas sou agradecida pelas lições que aprendi ao longo do caminho porque eu amo a pessoa que me tornei através desse processo. Se estamos dispostos a aprender as lições que a vida está nos ensinando, a conservar o amor em nosso coração e a viver verdadeiramente o propósito de nossa vida — a prosperidade é nossa!

～

Para mim, minha mãe é um exemplo refulgente de uma pessoa que criou uma vida de prosperidade simples na velhice. Aos setenta e seis anos, ela vive com uma renda modesta e limitada, mas que não a impede de viver sua vida plenamente.

Mamãe mora num adorável chalé alugado, na ilha de Maui. Todas as manhãs, depois de um desjejum de frutas tropicais, ela se ocupa morosamente em seu belo jardim e, em seguida, toma um banho de mar.

Veja como ela própria descreve sua vida:

Uma Riqueza de Tempo
Colaboração de Beth Gawain

Um dos muitos aspectos maravilhosos do envelhecer é que começamos a ter tempo. É um prazer indizível, depois da aposentadoria, acordar de manhã e poder decidir, num improviso total: "O que quero fazer hoje?"

Quando parei de exercer minha profissão de projetista urbana, uma das primeiras coisas que fiz foi comprar um livro sobre pássaros e convencer minha sobrinha (uma naturalista culta) a me levar para observar os pássaros. Eu sempre me interessara por pássaros, mas ela teve de me mostrar as coisas mais simples, como por exemplo localizar os pássaros entre as folhas ou na relva. No início, usei os binóculos de madrepérola para ópera, herança de família! Hoje, depois de vários anos de viagens e de observações, tenho uma longa lista de pássaros que vi em quatro continentes.

Comecei a praticar ioga há vários anos; hoje continuo os exercícios regularmente. Sempre quis aprender a pintar com aquarela; atualmente consigo fazer isso. Muito recentemente, aprendi a trabalhar com cerâmica: fiz todas as minhas travessas, vasos, potes para flores e até uma banheira para pássaros no jardim. É um sentimento extraordinário ter tempo para desenvolver esses novos interesses sem ter de comprimi-los numa agenda já cheia.

Lembro-me de que, depois de alguns anos de aposentada, minha filha entusiasmou-se sobremaneira com um livro de planejamento diário. Ela me presenteou com um exemplar no Natal, e toda animada começou a me mostrar como usá-lo. Mas eu era só *resistência!* A última coisa no mundo que eu queria era preencher minha vida com horários. Foi difícil para ela compreender. Eu sempre fora uma mãe trabalhadora muito ocupada, que participava de reuniões à noite, escrevia relatórios e palestras nos finais de semana, publicava boletins informativos para pais divorciados e era vice-presidente de uma cooperativa.

Agora, quando encontro pessoas que me conheceram naquela época, elas perguntam: "O que você faz atualmente?" Minha resposta favorita é: "O mínimo possível!" Outra boa resposta, em italiano, é "Dolce far niente" (Doce ociosidade).

Isso me leva ao ponto mais importante. Ter tempo para fazer coisas que eu nunca pude fazer por falta de tempo é uma grande liberdade, mas a maior liberdade de todas é poder optar por *não* fazer *nada.*

Não fazer nada na nossa cultura centrada no trabalho não é fácil. Isso exige uma grande reviravolta nos valores e uma mudança significativa de hábitos e, depois disso, muita prática. O impul-

144 ~ A Conquista da Verdadeira Prosperidade

so para começar a fazer alguma coisa, qualquer coisa, é muito forte no início.

Uma forma excelente de começar, creio, é com a natureza. Com facilidade, posso passar uma hora simplesmente sentada na varanda observando as folhas das palmeiras balançando na brisa ou vendo as formigas andando apressadas. Adoro observar as gotas da chuva caindo sobre as folhas das bananeiras, formando fileiras como bolinhas de mercúrio. E, é claro, gosto de observar as ondas do mar aproximando-se e afastando-se, quando toda a minha alma entra no ritmo primordial. Ou posso apenas flutuar no oceano cálido, sem nem sequer nadar. Gosto de sentir que posso "não fazer nada, nem mesmo meditar".

Creio que é importante para nós, que somos mais velhos, dar exemplo ao mundo no sentido de extrair grande prazer dos momentos de quietude. Nossa cultura tem muito pouco silêncio, muito ruído e muitos afazeres. Nosso cumprimento padrão é, "How are you doing?" ou "What are you up to?". Mesmo nossa saudação clássica, quando somos formalmente apresentados a alguém, é, "How do you do?". Perguntamos, "How are you feeling?" apenas quando a pessoa esteve doente — e esperamos que ela se recupere. Pelo menos, às vezes hoje dizemos, "How are you?" — mas geralmente respondemos apenas, "I'm fine".*

Às vezes, o que se pergunta é: "What have you been wondering about?" ["Em que você anda pensando?"] ou "What have you been contemplating?" ["O que você pretende fazer?"].

Nossa cultura dá muito valor à agitação e à turbulência. Podemos aprender a valorizar o silêncio, a paz, a serenidade? Podemos dedicar um tempo a isso?

---

* As expressões de cumprimento em inglês enfatizam a ação, o fazer, usando o verbo *to do* ou *to be up to*, ou sublinham o estado de ânimo ou da saúde da pessoa com os verbos *to feel* ou *to be*. Em português a ação também é posta em evidência em expressões do tipo: "Como vai a luta?", ou "Quais são os seus planos?", etc. (N.T.)

Os anos da velhice podem nos trazer tempo à vontade para viajar e realizar coisas que não tivemos condições de fazer nos anos de responsabilidades profissionais e familiares. Eles também nos dão sossego. Agora temos uma riqueza de tempo para a contemplação e o silêncio. Temos muito tempo para simplesmente existir.

~

Espero que você tenha gostado dessas histórias. Se tiver uma história real inspiradora ou que leve a pensar, de sua própria vida ou da vida de alguém que você conhece, relacionada com algum aspecto da verdadeira prosperidade, eu o incentivo a enviá-la para mim. Pode ser uma história de um parágrafo ou no máximo duas páginas — não mais que isso. Datilografe e inclua o seu nome, endereço e número do telefone. Aguardo ansiosamente! Quem sabe, talvez eu faça um livro com histórias de prosperidade. Envie para:

Shakti Gawain
Prosperity Stories
P.O.Box 377
Mill Valley, CA 94941
E-mail: sg@nataraj.com

RECURSOS

Allen, Marc. *Visionary Business: An Entrepreneur's Guide to Success.* New World Library, 1995.

Capacchione, Lucia. *Recovery of Your Inner Child.* Simon & Schuster, 1991.

Gawain, Shakti. *Awakening: A Daily Guide to Conscious Living.* Nataraj Publishing, 1993.

Gawain, Shakti. *Creative Visualization.* New World Library, 1978. [*Visualização Criativa*, publicado pela Editora Pensamento, São Paulo, 1990.]

Gawain, Shakti. *Four Levels of Healing: A Guide to Balancing the Spiritual, Mental, Emotional, and Physical Aspects of Life.* Nataraj Publishing, 1997. [*Os Quatro Níveis da Cura*, publicado pela Editora Pensamento, São Paulo, 1998.]

Gawain, Shakti (com Laurel King). *Living in the Light: A Guide to Personal and Planetary Transformation.* Nataraj Publishing, 1993. [*Vivendo na Luz*, publicado pela Editora Pensamento, São Paulo, 1991.]

Gawain, Shakti. *The Path of Transformation: How Healing Ourselves Can Change the World.* Nataraj Publishing, 1993.

Gawain, Shakti. *Return to the Garden: A Journey of Discovery.* Nataraj Publishing, 1993.

Luvaas, Tanha. *Notes From My Inner Child.* Nataraj Publishing, 1993.

Orman, Suze. *The Nine Steps to Financial Freedom.* Crown, 1997.

Stone, Hal e Sidra. *Embracing Our Selves: The Voice Dialogue Manual.* Nataraj Publishing, 1993.

Stone, Hal e Sidra. *Embracing Each Other: Relationship as Teacher, Healer, and Guide.* Nataraj Publishing, 1993.

Stone, Hal e Sidra. *Embracing Your Inner Critic: Turning Self-Criticism into a Creative Asset.* HarperSanFrancisco, 1993.

Stone, Hal e Sidra. *The Shadow King: The Invisible Force that Holds Women Back.* Nataraj Publishing, 1997.

Whyte, David. *The House of Belonging.* Many Rivers Press, 1997.

Audioteipes

Gawain, Shakti
Creating True Prosperity. New World Library, 1997.
Creative Visualization: Book on Tape. New World Library, 1995.
Creative Visualization Meditations. New World Library, 1996.
Developing Intuition. Nataraj Publishing, 1988.
*The Four Levels of Healing: A Guide to Balancing the Spiritual,
Mental, Emotional, and Physical Aspects of Life.* Nataraj Publishing, 1997.
Living in the Light: Book on Tape. Versão compacta. Nataraj Publishing, 1993.
Meditations. New World Library, 1997.
The Path of Transformation: Book on Tape. Versão compacta. Nataraj Publishing,
1993.

Stone, Hal e Sidra
The Child Within. Delos, Albion, CA
The Dance of Selves in Relationship. Delos, Albion, CA
Decoding Your Dreams. Delos, Albion, CA
Meet the Pusher. Delos, Albion, CA
Meet Your Inner Critic. Delos, Albion, CA
Meeting Your Selves. Delos, Albion, CA
Understanding Your Relationships. Delos, Albion, CA

Videoteipes

Gawain, Shakti: *The Path of Transformation.* Videoteipe de palestras ao vivo.
Hay House, Inc., 1992.
Gawain, Shakti: *Creative Visualization Workshop Video.* New World Library,
1995.

Cursos

Shakti Gawain faz palestras e ministra cursos nos Estados Unidos e em muitos
outros países. Ela também coordena retiros, seminários intensivos e programas de treinamento. Se você quiser fazer parte de sua mala direta e receber
informações sobre cursos, contate:

Shakti Gawain, Inc.
P.O.Box 377, Mill Valley, CA 94942
Telefone: (415) 388-7140
fax: (415) 388-7196
e-mail: sg@nataraj.com

148 ～ A CONQUISTA DA VERDADEIRA PROSPERIDADE

Shakti e seu marido, Jim Burns, alugam quartos e um chalé em sua bela propriedade na ilha havaiana de Kaua'i para pessoas e para casais que queiram fazer retiros. Shakti também coordena cursos intensivos de uma semana em Kaua'i. Para informações ou reservas, contate:

Kai Mana
P.O.Box 612, Kilauea, HI 96754
Telefone: (808) 828-1280
ou (800) 837-1782
Fax: (808) 828-6670

Para informações sobre os seminários de Shakti,
Nataraj Publishing e Kai Mana, visite nosso *web site* em
http://www.nataraj.com

Para informações sobre os cursos e treinamentos
dos Drs. Hal e Sidra Stone, contate:

Delos
P.O.Box 604, Albion, CA 95410
Telefone: (707) 937-2424
e-mail: delos@mcn.org

O PARADOXO DO SUCESSO

John R. O'Neil

Líderes de todos os campos de atividade sofrem do paradoxo do sucesso: com constrangedora freqüência, eles sentem que o sofrimento para conquistar suas vitórias profissionais supera as recompensas. Muitas vezes, suas realizações despertam inveja e ressentimento. Muitas vezes, seu poder e autoridade levam à estagnação e ao isolamento; suas vidas familiar e espiritual são mantidas como reféns de programas de sacrifícios auto-infligidos. Suas personalidades competitivas e unilaterais — que levam até mesmo para as atividades recreativas — azedam os seus dias, que deveriam ser ricos das alegrias da realização e do crescimento. E os líderes não conseguem relaxar ou voltar atrás porque seu valor pessoal depende de eles manterem suas posições e a imagem pública duramente conquistadas.

Mas isso não tem de acontecer. Os gerentes, os líderes e os executivos de grandes e pequenas empresas têm aprendido com John O'Neil como voltar ao rumo do sucesso duradouro e da satisfação pessoal. O'Neil tem uma longa carreira de conselheiro profissional e educacional e ensinou a milhares de líderes como manter o desenvolvimento pessoal por intermédio da auto-observação, da dedicação ao aprendizado profundo e do tempo destinado a retiros regeneradores.

Escrito em estilo vivo e envolvente, ilustrado com muitos casos e histórias pessoais, o livro de O'Neil inspirará e encherá de energia os líderes da comunidade empresarial e profissional.

* * *

John R. O'Neil é presidente da California School of Professional Psychology. Fez carreira nos negócios e na educação, no aconselhamento e especulação financeira desde que saiu da AT&T em 1970. Membro do comitê executivo do Western College Association e co-fundador da California Leadership, ele dá consulta sobre planejamento, liderança e saúde organizacional.

CULTRIX/AMANA

O VERDADEIRO SUCESSO
Uma Nova Compreensão de Excelência e Eficácia

Tom Morris, Ph.D.

Segundo Tom Morris, muitos de nós encaram a vida de uma maneira errada, dando a maior atenção às coisas menos importantes e deixando de nos preocupar com as mais importantes. O *Verdadeiro Sucesso*, um livro inteligente e bem-humorado, nos ajuda a colocar o pensamento no seu devido lugar. Ele nos leva a compreender que precisamos dar atenção, primeiro, à nossa vida interior, e que a excelência é a causa e não o produto do sucesso.

Tom Morris, professor de filosofia na Universidade de Notre Dame, agraciado com inúmeros prêmios, convidado para fazer palestras no país inteiro, acredita que, se conseguirmos compreender e interiorizar o que ele propõe neste livro, nossa vida poderá assumir o significado que tanto desejamos.

Lendo-o e compreendendo seus princípios, podemos criar novos conceitos acerca do significado da vida. Podemos começar a compreender que o sucesso está ao alcance de todos, ricos e pobres, famosos e obscuros. Podemos começar a compreender como a nossa excelência pessoal pode começar a gerar um nível de felicidade e de sucesso com o qual, até agora, mal conseguíamos sonhar.

O livro de Tom Morris está repleto de revelações, de constatações, de humor, de parábolas e de histórias que nos desafiam, nos motivam e nos inspiram. Tom Morris nos oferece em troca o renascimento da excelência, dos valores, e a possibilidade de alcançar a felicidade nos tempos atuais.

* * *

O autor é professor de filosofia na Universidade de Notre Dame. Formado pela Universidade da Carolina do Norte, em Chapel Hill, tem dois mestrados e um Ph.D. conjunto em filosofia e estudos religiosos da Universidade Yale. Recebeu várias bolsas de estudo para financiamento dos seus trabalhos e foi nomeado Professor do Ano em 1990, no Estado de Indiana.

EDITORA CULTRIX

VOCÊ PODE, SE ACHA QUE PODE

Norman Vincent Peale

O famoso autor de O Poder do Pensamento Positivo *continua a desenvolver, neste novo livro, a sua filosofia de vida, que tem ajudado centenas de milhares de pessoas a superarem seus temores e frustrações para desfrutar uma existência mais plena e mais dinâmica. Aqui você encontrará encorajamento e métodos práticos de desenvolver sua força interior e ter fé em si mesmo, para poder conseguir o que almeja. Sim, porque* você pode, se acha que pode.

Norman Vincent Peale é considerado, nos Estados Unidos, o ministro dos "milhões de ouvintes", o doutor em "terapêutica espiritual". Tornou-se popular através de sua constante colaboração na imprensa, de seus programas de rádio e televisão bem como pelos notáveis volumes em que vem reunindo o melhor de sua constante pregação espiritual e que têm sido publicados no Brasil, com exclusividade, pela Editora Cultrix. Milhares de consultas chegam diariamente ao Dr. Peale, vindas de todos os recantos do Mundo. E milhões de pessoas já lhe agradeceram os conselhos e sugestões que as levaram a reencontrar a felicidade perdida.

EDITORA CULTRIX

COMO DESENVOLVER A AUTO-ESTIMA
Um Guia Prático para Reconhecer o seu Valor Pessoal

Lynda Field

Em síntese, os temas desenvolvidos por Lynda Field neste livro de cunho eminentemente prático são os seguintes:

- Desenvolva uma crença positiva e inalterável em você mesmo.
- Saiba o que quer e como consegui-lo.
- Assuma o controle da sua vida.
- Expresse sempre os seus verdadeiros sentimentos.

Quando a nossa auto-estima é alta, sentimo-nos bem, assumimos o controle de nossas vidas, somos criativos, cheios de recursos e capazes de fazer com que as coisas boas aconteçam. Infelizmente, com muita freqüência, a insegurança, a postura defensiva e o medo da derrota nos fazem retroceder.

Os métodos práticos apontados neste livro por Lynda Field nos mostram como desenvolver e aumentar a nossa percepção. Sua abordagem é holística: aprendemos a equilibrar todos os níveis do nosso ser — o espiritual, onde estabelecemos a conexão dos fatos; o mental, onde entendemos o que acontece; o emocional, onde sentimos; e o físico, onde temos de agir.

Este livro excepcional nos ajuda a redescobrir o nosso verdadeiro valor. Deixamos de ser vítimas das circunstâncias e conseguimos assumir o controle da nossa vida.

* * *

Lynda Field é formada em sociologia e psicologia social. Conselheira e psicoterapeuta experiente, mora na Cornwall, cidade do Canadá.

EDITORA CULTRIX